compiled by
Penrose Colyer

illustrated by
Colin Mier
and Wendy Lewis

Franklin Watts, Inc
NEW YORK 1974

I Can Read
FRENCH
My First English ~ French Word Book

Contents

For Helen

First published in England by Eurobook Limited, 1972
First published in the United States by Franklin Watts, Inc.

Library of Congress Cataloging in Publication Data

Colyer, Penrose.
I can read French.

SUMMARY: The objects and activities pictured in this illustrated "wordbook and reader" are accompanied by both the French and English terms, phrases, and sentences.

1. Primers, French. [1. French language – Readers]
I. Mier, Colin, illus. II. Lewis, Wendy, illus. III. Title.
PC2115. C72 448'.6'421 73-8788
ISBN 0-531-02655-8
ISBN 0-531-02654-X (lib. bdg.)

Printed in Belgium

Reading French

In France you read French wherever you go —and without looking at a single book. There are names of French shops, such as **épicerie** (grocer's), **boucherie** (butcher's), and **libre-service** (supermarket); signposts such as **Paris 100** (100 kilometers), and advertisements for French things. In order to get around and know what to do you have to be able to read signs such as **métro** (underground railway), **défense de fumer** (no smoking), **ne pas se pencher en dehors** (do not lean out of the window), **sortie** (exit), **guichet** (ticket office) and many others.

So when you go to France, as you probably will one day, it is important that you should be able to read French. And even if you never go to France you can read French books and magazines which can be bought in your own country. Reading French will also help you to understand English—for there are many French words which are quite commonly used. **Café**, **restaurant**, **menu**, **boutique** are examples.

With this book you can practice reading French. If you are learning it at school, you will probably know some of the words already; and you will learn some new ones, too. Many of the words appear again and again, so that by the time you get to the end of the book you will know them well.

Note: Most written languages use shortened forms or abbreviations for some words. In English we write ft. for feet and Mr. for Mister, for example. You will find three common French abbreviations here: M., which stands for Monsieur (Mr., sir), Mme, which stands for Madame (Mrs., madam) and Mlle, which means Mademoiselle (Miss).

Talking French

Talking French means not only saying French words but also making French sounds. Some of the sounds of French are the same as English ones; but many are completely different, and the only way to be able to say them correctly is by listening hard to French people talking. If you can, listen to a French person and look at him at the same time. If you watch carefully, you will see that his mouth often makes different shapes from those made by someone talking English. The secret is to move the *upper* lip. Make this experiment: look at yourself in a mirror and say something in English. You will notice that your upper lip hardly moves: it is difficult to speak recognizable French if you only move your lower lip as you do in English, so try using your lips more.

All vowels in French have a *pure* sound, each quite different from any other, and you should not linger over a vowel, but make the sound sharp and short.

Lastly, try to speak a whole sentence on the same note, only allowing your voice to fall slightly at the end, instead of letting it go up and down as in English.

The following words, which all appear in the book, contain many of the French sounds that are different from those you use in English. Under each word there is a guide to how to say it. If you can say these words correctly, you will be beginning to talk French.

Anatole
A-na-tol: *A* and *a* as in English "cart", *o* as in English "office"

qui: who
kee

électrique: electric
a-lec-treek: *a* as in English "hay"

bouteilles: bottles
boo-tay

cent: a hundred
son: *o* as in English "office". The *n* is not like an English one. Your tongue should not

touch the top of your mouth, and you should feel as if you are saying *on* in your nose.

très: very
trai: the *r* is not like an English one. Say it in the back of your throat.

pot: pot
po: *o* as in English "bone"

beaucoup: many
bo-coo: *o* as in English "bone"

moi: me
mwa: *a* as in English "cart"

lune: moon
u as in English "few"

vêtements: clothes
vet-mon: *n* as in English "cent"

un: one
earn: *n* as in English "cent"

deux: two
The *eu* sounds rather like English *ur*. Try to make an *ay* sound with your lips rounded.

homme: man
om: *o* as in English "dot"

j'aime: I like, I love
j has the same sound as *s* in English "leisure"

observation: observation
ob-ser-va-syon: *o* as in English "dot", *a* as in English "cart"

ils attendent: they wait
eelsa-tahnd: *a* as in English "cart", *n* as in English "cent".

You will notice that often the last letter of a word is not pronounced, but when you listen to French being spoken, you will hear that words are often joined together; for example **Anatole regarde un homme** (Anatole is looking at a man) would be said like this: *A-na-tol re-gar-du-nom.* Practice saying words together in sentences rather than one by one.

Perhaps this all sounds rather complicated, but understanding what people mean is not always as difficult as you might expect. A French person shows what he means not only by the words he says, but by his whole face, and often by his hands too: his eyebrows shoot up when he asks a question; his mouth stretches wide open, and also closes up in a fierce kind of pout; his hands point to himself or to someone else as he talks about them. Without understanding the words, it is often quite easy to understand what a French person is saying, just by looking at him. If you can, go and see a film with Jacques Tati in it (*M. Hulot's Holiday*, *Playtime*, *Traffic*). M. Tati hardly ever says a word, but you can tell from his face and his actions what he is thinking and doing.

When you listen, do not try to pick out each single word that is said. You would find that difficult to do anyway because French people tend to talk very fast. As we have seen, they also tend to run words into one another. Try instead to get an idea of the sort of sounds which are made. Try also to tell what a whole sentence sounds like.

If you cannot listen to or watch a French person (a real one, or one on television or in a film), listen to a record of French being spoken or sung.

Combien?
How many?

Quatre bouteilles de Coca
Four bottles of Coca-Cola

Aimez-vous le Coca?
Do you like Coca-Cola?

Six parapluies
Six umbrellas

Combien de gouttes de pluie y a-t-il?
How many raindrops are there?

Trois girafes
Three giraffes

Combien d'yeux ont-elles?
How many eyes have they?

Et combien de taches?
And how many spots?

Cent?
A hundred?

Deux grands dragons
Two large dragons

Une île
One island

Combien de personnes y a-t-il sur l'île?
How many people are there on the island?

Des bougies
Candles

C'est l'anniversaire de quelqu'un.
It's somebody's birthday.

Il a neuf ans.
He is nine.

Dix poissons rouges
Ten goldfish

Cinq fers à cheval porte-bonheur
Five lucky horseshoes

Est-ce que cet homme a de la chance?
Is this man lucky?

Les brosses à dents d'une grande famille
The toothbrushes of a large family
Il y a huit enfants dans la famille.
There are eight children in the family.

Voici sept hommes.
Here are seven men.

Il y a trois cowboys et quatre gangsters.
There are three cowboys and four gangsters.

Qui gagne?
Who is winning?

Henri Legros
Henry Legros
Maurice, le perroquet d'Anatole
Maurice, Anatole's parrot
Les
Georges, le gardien du zoo
George, the keeper at the zoo
Mme Lejeune
Mrs. Lejeune
M. Legros
Mr. Legros
Fido, le chien
Fido, the dog
Mlle Lebrun
Miss Lebrun
Jean
John

amis d'Anatole *Anatole's friends*

Les amis d'Anatole
Anatole's friends

Anatole est un clochard.
Anatole is a tramp.
C'est aussi le héros de ce livre.
He is also the hero of this book.
Voici quelques-uns de ses amis.
Here are some of his friends.

Maurice est le perroquet d'Anatole.
Maurice is Anatole's parrot.
Il a des plumes vertes.
He has green feathers.
Il est très fier de ses plumes.
He is very proud of his feathers.

Albert est le chat d'Anatole.
Albert is Anatole's cat.
En été, Albert accompagne Anatole.
In summer, Albert stays with Anatole.
Mais en hiver il fait froid.
But in winter it's cold.
Albert n'aime pas le froid.
Albert doesn't like the cold.
En hiver, Albert va chez Mme Lejeune.
In winter, Albert goes to Mrs. Lejeune's house.

Mme Lejeune est une vieille amie d'Anatole.
Mrs. Lejeune is an old friend of Anatole's.
Elle prête sa salle de bains et, quelquefois, sa cuisine, à Anatole.
She lends Anatole her bathroom and, sometimes, her kitchen.

Henri est le fils de M. Legros.
Henry is Mr. Legros' son.
Henri est très maigre.
Henry is very thin.
Il est vendeur de glaces.
He is an ice-cream seller.
Il donne parfois une glace à Anatole.
Sometimes he gives Anatole an ice-cream.

Georges est le gardien du zoo.
George is the keeper at the zoo.
Georges donne souvent un billet gratuit pour le zoo à Anatole.
George often gives Anatole a free ticket for the zoo.
Anatole adore aller au zoo.
Anatole loves going to the zoo.

M. Legros est boulanger.
Mr. Legros is a baker.
Il est très gros.
He is very fat.
Il mange beaucoup de pain et de gâteaux.
He eats a lot of bread and cakes.
Quelquefois il donne des gâteaux à Anatole.
Sometimes he gives Anatole some cakes.

Mlle Lebrun est institutrice.
Miss Lebrun is a teacher.
Elle prête des livres à Anatole.
She lends Anatole books.
Mais Anatole ne sait pas lire.
But Anatole can't read.
Mlle Lebrun donne à Anatole des leçons de lecture.
Miss Lebrun gives Anatole reading lessons.

M. Deschamps est fermier.
Mr. Deschamps is a farmer.
Il a une grange et beaucoup de bêtes.
He has a barn and a lot of animals.
En hiver, Anatole couche dans la grange.
In winter, Anatole sleeps in the barn.

Le professeur Julien s'intéresse aux étoiles.
Professor Julian is interested in the stars.
Il les regarde toute la nuit.
He looks at them all night long.
Il parle des étoiles à Anatole.
He talks about the stars to Anatole.

Sylvie est ouvreuse au cinéma.
Sylvia is an usherette at the movies.
Quelquefois elle donne un billet gratuit à Anatole.
Sometimes she gives Anatole a free ticket.

Pierre est astronaute.
Peter is an astronaut.
Il parle de la lune à Anatole.
He talks about the moon to Anatole.
Anatole veut aller dans la lune.
Anatole wants to go to the moon.

Mme Leblanc est chauffeur de taxi.
Mrs. Leblanc is a taxi-driver.
Quelquefois elle prend Anatole dans son taxi.
Sometimes she gives Anatole a ride in her taxi.

Jérôme est un gitan.
Jeremy is a gypsy.
Il attrappe beaucoup de lapins.
He catches a lot of rabbits.
Il donne souvent un lapin à Anatole.
He often gives Anatole a rabbit.

Marianne Deschamps est la fille de M. Deschamps.
Marion Deschamps is Mr. Deschamps' daughter.
Elle ne sait pas nager.
She can't swim.
Anatole donne à Marianne des leçons de nage.
Anatole gives Marion swimming lessons.

Jean aime beaucoup aller voir les matchs de football.
John loves watching soccer matches.
Souvent Anatole l'accompagne.
Often Anatole goes with him.

Fido est l'ami fidèle d'Anatole.
Fido is Anatole's faithful friend.
Il garde Anatole.
He guards Anatole.
Mais souvent, quand il est de garde, Fido s'endort.
But often, when he is on guard, Fido falls asleep.

Anatole prend un bain

Anatole takes a bath

Ils veulent être . . .
They want to be . . .

Mme Lejeune veut être danseuse de ballet.
Mrs. Lejeune wants to be a ballet dancer.

M. Legros veut d'abord être mince.
Mr. Legros wants first of all to be thin.
Ensuite il veut être cowboy.
Then he wants to be a cowboy.

Fido veut être un caniche.
Fido wants to be a poodle.
Il veut gagner des prix dans des concours.
He wants to win prizes in competitions.

Mlle Lebrun veut être espionne.
Miss Lebrun wants to be a spy.
Elle veut être belle et dangereuse.
She wants to be beautiful and dangerous.

Jérôme veut être pirate.
Jeremy wants to be a pirate.
Il veut aller en bateau dans des pays lointains.
He wants to go in a ship to far-off countries.

Georges veut être peintre.
George wants to be a painter.
Il veut peindre le portrait de tous les animaux du zoo.
He wants to paint portraits of all the animals in the zoo.

Marianne Deschamps veut être chanteuse de pop.
Marion Deschamps wants to be a pop singer.

Pierre en a assez de la lune et des étoiles.
Peter has had enough of the moon and the stars.
Il veut être explorateur des mers.
He wants to be an under-water explorer.

Le professeur Julien veut être astronaute.
Professor Julian wants to be an astronaut.
Il veut être plus près des étoiles.
He wants to be closer to the stars.

Jean veut être joueur de football professionnel.
John wants to be a professional soccer player.
Ou disc-jockey.
Or a disc-jockey.

M. Deschamps aime l'argent.
Mr. Deschamps likes money.
Il veut être milliardaire.
He wants to be a millionaire.

Mme Leblanc en a assez de prendre les gens dans son taxi.
Mrs. Leblanc has had enough of driving people in her taxi.
Elle veut être riche.
She wants to be rich.
Elle veut prendre des taxis à son tour.
She wants to take taxis herself.

Deux girafes
Two giraffes
Une des girafes s'appelle Geneviève.
One of the giraffes is called Genevieve.
L'autre s'appelle Alphonse.
The other one is called Alphonse.

Au zoo At the zoo

Georges et Geneviève
George and Genevieve

Georges est gardien au zoo.
George is a keeper at the zoo.
Il est très inquiet.
He is very worried.

Geneviève la girafe refuse de manger.
Genevieve the giraffe refuses to eat.
Elle maigrit.
She is getting thin.

Georges donne du foin à Geneviève.
George gives Genevieve some hay.
Mais elle refuse de le manger.
But she refuses to eat it.

Georges donne des feuilles vertes à Geneviève.
George gives Genevieve some green leaves.
Elle refuse de les manger.
She refuses to eat them.
Elle maigrit de plus en plus.
She is getting thinner and thinner.

Geneviève est très, très maigre.
Genevieve is very, very thin.
Le chef du zoo va la voir.
The head of the zoo goes to see her.

«Mange donc! » dit le chef à Geneviève.
"Go on, eat!" says the head to Genevieve.
Mais elle refuse de manger.
But she refuses to eat.

Georges est au désespoir.
George is in despair.
Geneviève va mourir.
Genevieve is going to die.

Mais Geneviève ne meurt pas.
But Genevieve doesn't die.
La nuit, elle se glisse entre les barres de sa cage.
At night, she slips between the bars of her cage.

Geneviève est libre!
Genevieve is free!

Elle a très, très faim.
She is very, very hungry.

Elle mange les feuilles des arbres du zoo.
She eats the leaves of the trees in the zoo.

Geneviève s'échappe.
Genevieve escapes.
Adieu zoo!
Good-bye zoo!

Geneviève est très heureuse.
Genevieve is very happy.
Mais Georges et le chef du zoo sont furieux.
But George and the head of the zoo are furious.

Au cinéma At the movies

Les cowboys portent des chapeaux blancs.
The cowboys wear white hats.

Les gangsters portent des chapeaux noirs.
The gangsters wear black hats.

Une ouvreuse
An usherette
C'est une amie de Sylvie.
She is a friend of Sylvia's.

Elle vend du chocolat et des noix.
She is selling chocolate and nuts.
Qu'est-ce qu'elle vend d'autre?
What else is she selling?

Un rideau de velours rouge
A red velvet curtain

Les spectateurs
The audience

Mme Deschamps
Mrs. Deschamps
Elle déteste les westerns.
She hates westerns.
Elle a peur des gangsters.
She is afraid of the gangsters.

M. Deschamps et Marianne
Mr. Deschamps and Marion
Ils adorent les westerns.
They love westerns.

Anatole entre.
Anatole is coming in.
Il aime beaucoup regarder les films.
He loves watching films.
SORTIE
EXIT
Maurice, Albert et Fido
Maurice, Albert and Fido
Ils adorent les westerns.
They love westerns.
Mais ils ne peuvent pas entrer au cinéma.
But they can't go into the movies.
Une horloge
A clock
TOILETTES
TOILETS
Sylvie prend les billets.
Sylvia takes the tickets.
Une lampe électrique
A flashlight
Jean
John
Il veut être cowboy.
He wants to be a cowboy.

Où habitent-ils?
Where do they live?

Le bébé demeure dans un berceau.
The baby lives in a crib.
Il déteste son berceau.
He hates his crib.

Les Martiens habitent Mars.
The Martians live on Mars.

Grand-mère habite un bungalow.
Granny lives in a bungalow.

L'ours habite dans la montagne.
The bear lives in the mountains.

Les jumeaux habitent un gratte-ciel.
The twins live in a sky-scraper.
Ils sont au trentième étage.
They are on the thirtieth floor.

Georges habite dans
une maison bâtie dans un arbre.
George lives in a tree-house.
Elle n'est pas très solide.
It's not very strong.

Les souris habitent un trou.
The mice live in a hole.
C'est très sombre.
It's very dark.

En hiver, Anatole vit sous un pont.
In winter, Anatole lives under a bridge.

Les astronautes veulent habiter la lune.
The astronauts want to live on the moon.

En été, Anatole vit sous un arbre.
In summer, Anatole lives under a tree.

Le matelot vit sur un navire.
The sailor lives on a ship.
Quelquefois il a le mal de mer.
Sometimes he is sea-sick.

Le roi habite son château.
The King lives in his castle.
Il y fait un peu froid.
It's a bit cold there.

Le berger habite une cabane, avec les agneaux.
The shepherd lives in a hut, with the lambs.

Le singe habite la jungle.
The monkey lives in the jungle.

Le gitan habite une roulotte.
The gypsy lives in a van.

M. Legros dans la cuisine
Mr. Legros in the kitchen

Une étoile
A star
La lune
The moon
Un coucou
A cuckoo
9
3
6
Il est minuit.
It's midnight.
M. Legros est en pyjama.
Mr. Legros is in his pajamas.
Il a faim.
He's hungry.
Un verre de lait
A glass of milk
Des œufs
Eggs
Des fruits
Fruit
Du fromage
Cheese
Un frigidaire
A refrigerator

A l'hôpital
In the hospital

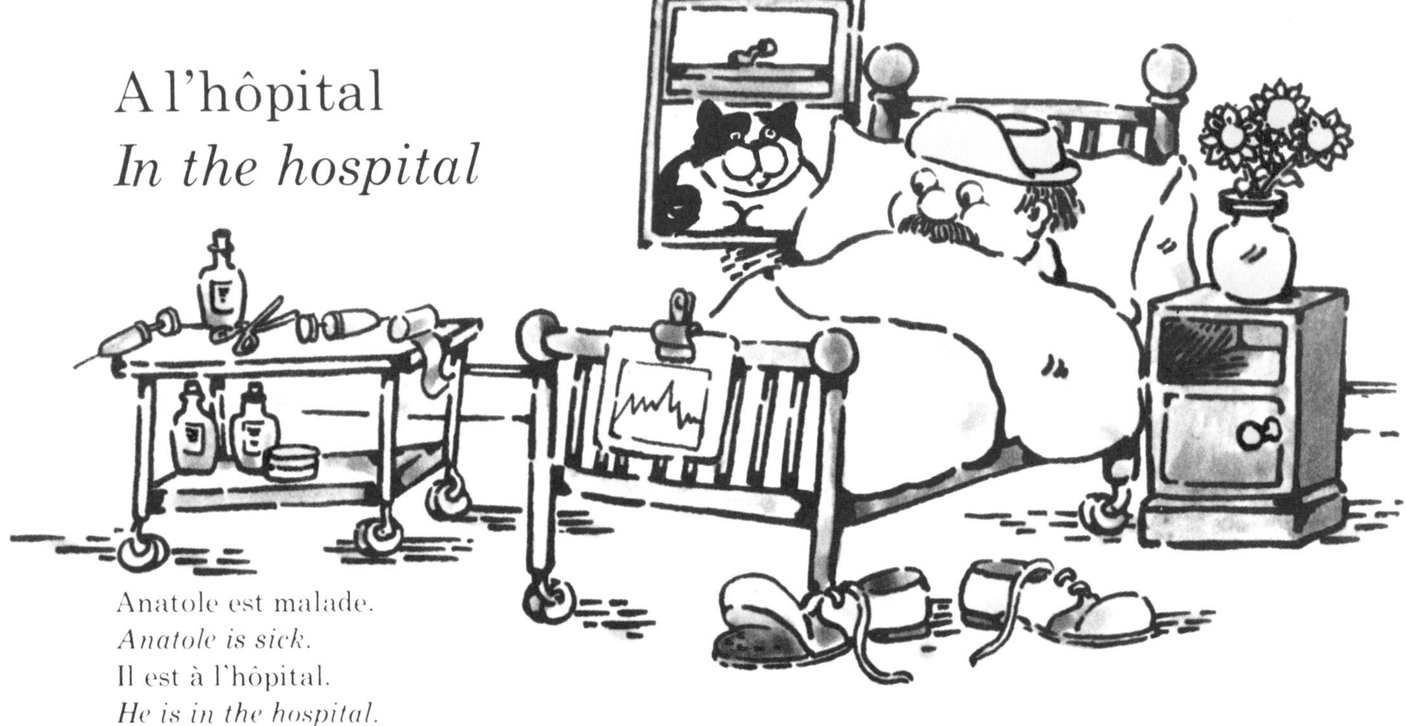

Anatole est malade.
Anatole is sick.
Il est à l'hôpital.
He is in the hospital.

Mme Lejeune vient voir Anatole.
Mrs. Lejeune visits Anatole.
Elle lui apporte des fleurs.
She brings him some flowers.

Georges donne à Anatole un carnet de billets pour le zoo.
George gives Anatole a book of tickets for the zoo.
Anatole aime beaucoup aller au zoo.
Anatole loves going to the zoo.

Jérôme le gitan arrive.
Jeremy the gypsy arrives.
Il apporte de la soupe au lapin.
He brings some rabbit soup.
Elle est délicieuse!
It's delicious!

M. Legros apporte une énorme boîte.
Mr. Legros brings a huge box.
Dans la boîte il y a six gâteaux.
In the box there are six cakes.

Mlle Lebrun arrive.
Miss Lebrun arrives.
Elle apporte des livres.
She brings some books.
Mais Anatole ne sait pas lire.
But Anatole can't read.

Sylvie donne à Anatole une revue de cinéma.
Sylvia gives Anatole a film magazine.
Dans la revue il y a des photos d'idoles.
In the magazine there are photos of film stars.

Henri Legros apporte une glace.
Henry Legros brings an ice-cream.
Anatole doit manger la glace très vite!
Anatole has to eat the ice-cream very quickly!

Anatole est entouré de cadeaux.
Anatole is surrounded by presents.
Il ne se sent plus malade.
He doesn't feel sick any more.

Mme Leblanc arrive dans son taxi.
Mrs. Leblanc arrives in her taxi.
Elle n'apporte pas de cadeaux.
She doesn't bring any presents.
Elle emmène Anatole!
She takes Anatole away!

De l'hélicoptère
From the helicopter

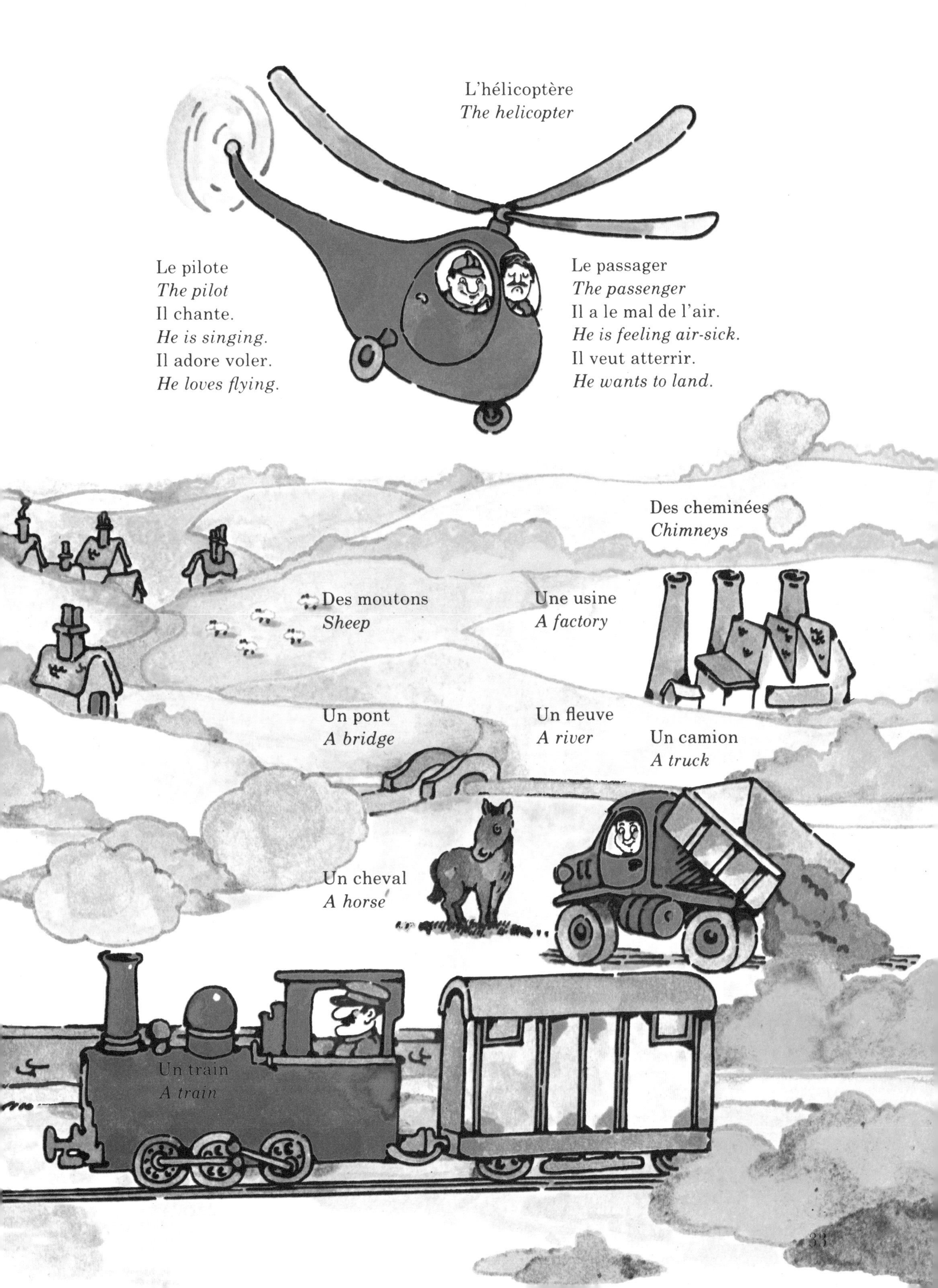
L'hélicoptère
The helicopter
Le pilote
The pilot
Il chante.
He is singing.
Il adore voler.
He loves flying.
Le passager
The passenger
Il a le mal de l'air.
He is feeling air-sick.
Il veut atterrir.
He wants to land.
Des cheminées
Chimneys
Des moutons
Sheep
Une usine
A factory
Un pont
A bridge
Un fleuve
A river
Un camion
A truck
Un cheval
A horse
Un train
A train

Si j'étais milliardaire . . .
If I were a millionaire . . .

Je ferais le tour du monde.
I would go round the world.

Je m'achèterais une île.
I would buy an island.

Je mangerais douze glaces tous les jours.
I would eat twelve ice-creams every day.

Je m'achèterais un train et je le conduirais.
I would buy a train and drive it.

Je vivrais dans une forêt avec mes amis.
I would live in a forest with my friends.

J'aurais une maison sous la mer.
I would have a house under the sea.

Je m'achèterais mille ballons et je volerais.
I would buy a thousand balloons and I would fly.

J'irais dans la lune.
I would go to the moon.

Je vivrais dans une roulotte . . .
I would live in a van . . .

J'irais au cirque chaque jour.
I would go to the circus every day.

. . . Ou peut-être dans une caravane moderne.
. . . Or perhaps in a modern trailer.

La natation *Swimming*

Le soleil
The sun
Un arbre
A tree
Une vache
A cow
Elle mange le slip d'Anatole.
She is eating Anatole's pants.
Un hélicoptère
A helicopter
Le pantalon d'Anatole
Anatole's trousers
Le chien d'Anatole, Fido
Anatole's dog, Fido
Il veille sur les vêtements d'Anatole.
He's guarding Anatole's clothes.
Le chapeau d'Anatole
Anatole's hat
La chemise d'Anatole
Anatole's shirt
Un canard
A duck
Une libellule
A dragon-fly
Elle regarde Anatole.
It is watching Anatole.
Une grenouille
A frog
Elle regarde la libellule.
It is watching the dragon-fly.

Anatole regarde la télévision
Anatole looks at television

Anatole n'a pas la télévision.
Anatole hasn't got television.
Mais il adore regarder la télévision.
But he loves watching television.

Anatole va en ville.
Anatole goes into town.
Il trouve un téléviseur.
He finds a television set.

Il regarde un western.
He watches a western.

Il imite les chanteurs.
He imitates the singers.

Ensuite il regarde un programme de pop.
Then he watches a pop program.

Il imite aussi les comédiens . . .
He also imitates the comedians . . .

et il imite les chefs d'orchestre . . .
and he imitates the conductors . . .

et il imite les cuisiniers . . .
and he imitates the cooks . . .

et il imite les sportifs . . .
and he imitates the sportsmen . . .

et il imite les danseurs.
and he imitates the dancers.

Anatole adore regarder la télévision.
Anatole loves watching television.
Et les gens adorent regarder Anatole!
And people love watching Anatole!

Des tableaux
Paintings
Quel tableau est le meilleur?
Which painting is the best?

Une carte
A map

Des fleurs
Flowers

Un Anglais qui mange des fish-and-chips.
An Englishman eating fish and chips.

Des pierres
Stones

La pierre verte de Marianne
Marion's green stone
Elle dit que c'est
une pierre précieuse.
She says it is
a precious stone.

Des livres
Books
Combien de livres voyez-vous dans la salle de classe?
How many books can you see in the classroom?

La souris de Marianne n'aime pas la télé.
Marion's mouse doesn't like television.

Un cahier
A notebook

Une gomme
An eraser

Un bic
A ballpoint

Une règle
A ruler

Un crayon
A pencil

Du chewing-gum
Chewing-gum

Marianne Deschamps en classe
Marion Deschamps at school

Mlle Lebrun
Miss Lebrun
Elle est institutrice.
She is a teacher.

Marianne Deschamps aime les cours d'anglais.
Marion Deschamps likes English lessons.
Elle aime regarder la télé.
She likes watching television.

Anne a peur des souris.
Anne is afraid of mice.
Elle va crier.
She is going to scream.

Des insectes
Insects

Jean aime la télé—mais seulement quand il y a du football.
John likes television—but only when there is soccer on.
Il lit une revue de football.
He is reading a soccer magazine.

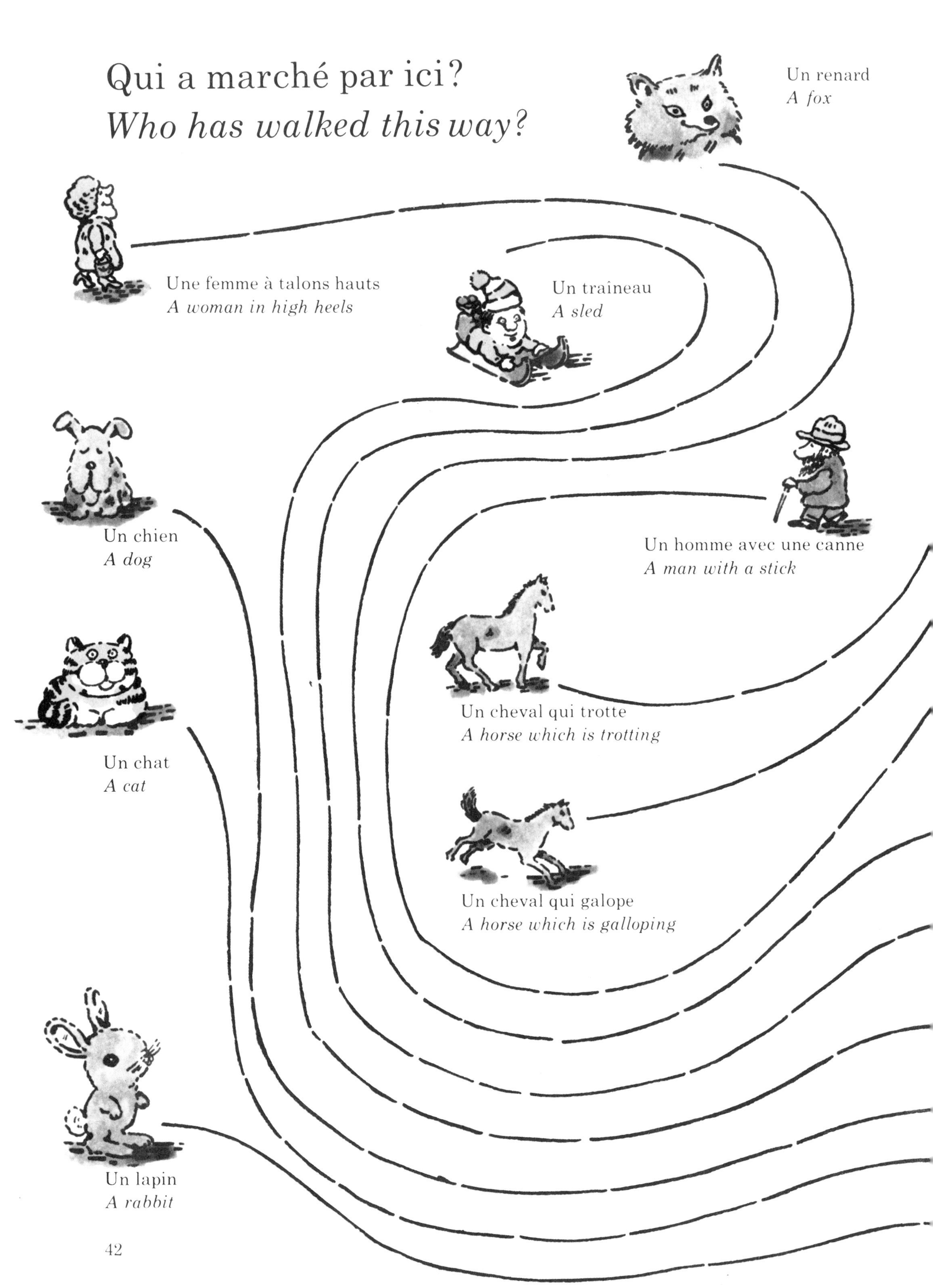
Qui a marché par ici?
Who has walked this way?
Un renard
A fox
Une femme à talons hauts
A woman in high heels
Un traîneau
A sled
Un chien
A dog
Un homme avec une canne
A man with a stick
Un cheval qui trotte
A horse which is trotting
Un chat
A cat
Un cheval qui galope
A horse which is galloping
Un lapin
A rabbit

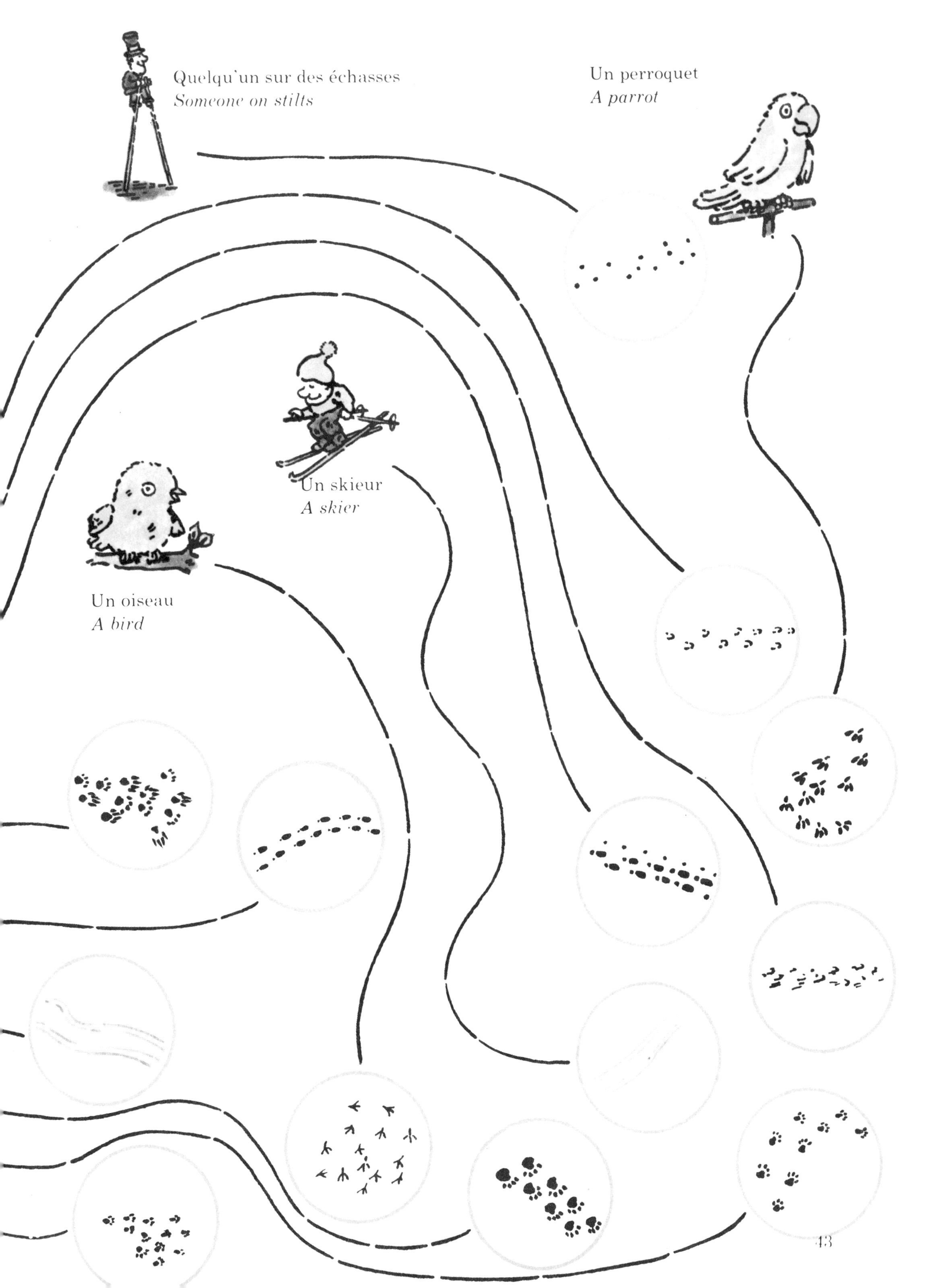
Quelqu'un sur des échasses
Someone on stilts
Un perroquet
A parrot
Un skieur
A skier
Un oiseau
A bird

Jérôme le gitan se couche
Jeremy the gypsy goes to bed

Jérôme est dans sa roulotte.
Jeremy is in his van.
Dehors il fait froid.
Outside it is cold.
Jérôme a chaud.
Jeremy is warm.

Le pardessus de Jérôme est déchiré.
Jeremy's coat is torn.
Il est en train de le raccommoder.
He is mending it.

Un réveil-matin
An alarm clock
Il ne marche pas, mais Jérôme l'aime bien.
It doesn't work, but Jeremy likes it.

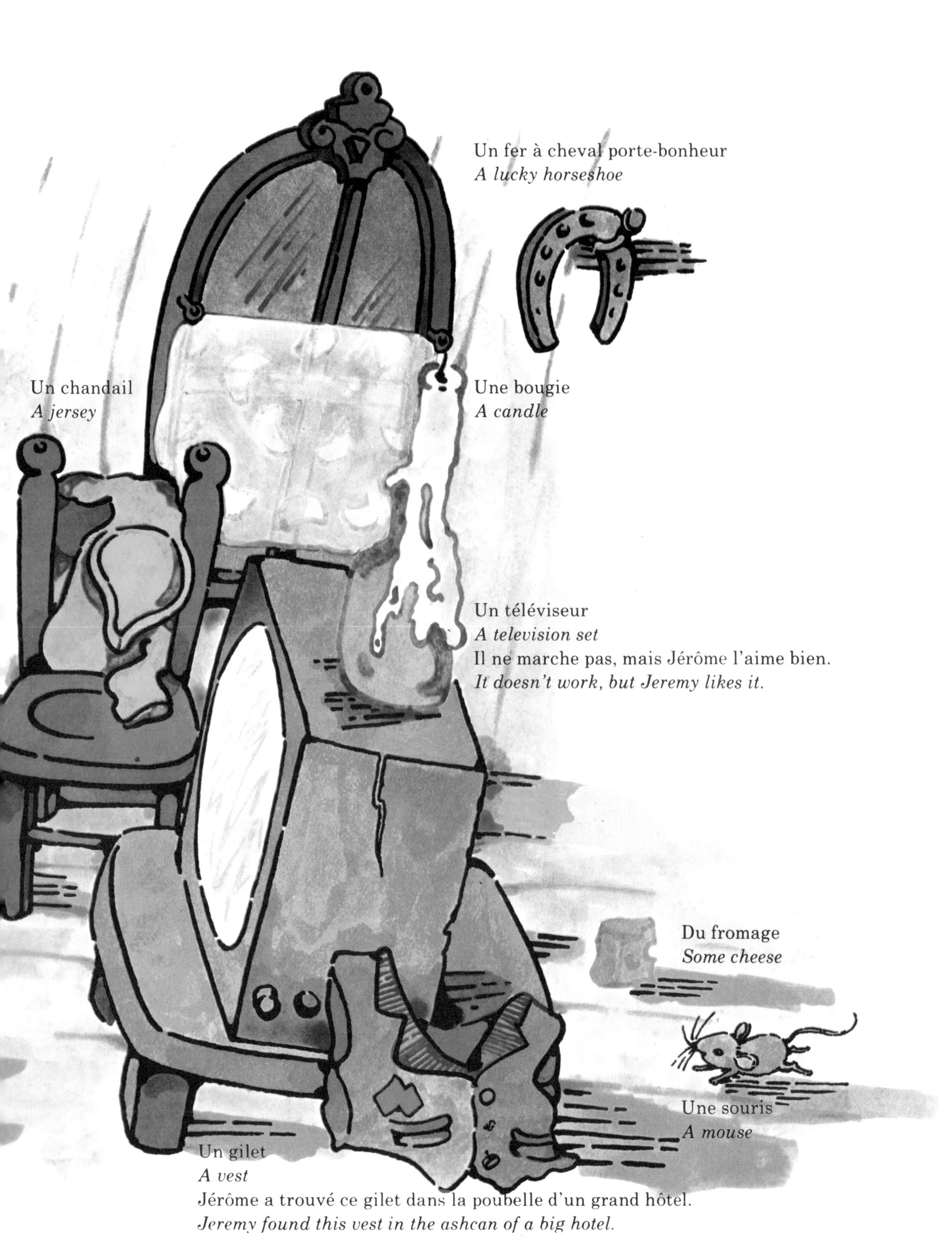
Un fer à cheval porte-bonheur
A lucky horseshoe
Un chandail
A jersey
Une bougie
A candle
Un téléviseur
A television set
Il ne marche pas, mais Jérôme l'aime bien.
It doesn't work, but Jeremy likes it.
Du fromage
Some cheese
Une souris
A mouse
Un gilet
A vest
Jérôme a trouvé ce gilet dans la poubelle d'un grand hôtel.
Jeremy found this vest in the ashcan of a big hotel.

Le gâteau de Mme Lejeune
Mrs. Lejeune's cake

Mme Lejeune est dans sa cuisine.
Mrs. Lejeune is in her kitchen.
Elle fait un gâteau, avec des œufs, de la farine, du beurre et du lait.
She is making a cake, with eggs, flour, butter and milk.

Mme Lejeune met le gâteau au four.
Mrs. Lejeune puts the cake in the oven.
Albert le regarde.
Albert looks at it.

Quand le gâteau est cuit, Mme Lejeune met des cerises par-dessus.
When the cake is cooked, Mrs. Lejeune puts some cherries on it.

Mme Lejeune sort de la cuisine.
Mrs. Lejeune goes out of the kitchen.
Maurice le perroquet entre.
Maurice the parrot comes in.
Il mange les cerises et s'envole.
He eats the cherries and flies away.

Mme Lejeune revient dans la cuisine.
Mrs. Lejeune comes back into the kitchen.
Quelle horreur!
How terrible!
Qui a mangé les cerises?
Who has eaten the cherries?
C'est sûrement Albert.
It must be Albert.

Mme Lejeune recouvre le gâteau de chocolat.
Mrs. Lejeune covers the cake with chocolate.
Elle met une cerise au milieu.
She puts one cherry in the middle.
Elle fait sortir Albert de la cuisine.
She takes Albert out of the kitchen.

Maurice mange la cerise.
Maurice eats the cherry.

Mme Lejeune revient.
Mrs. Lejeune comes back.
Sur le gâteau elle voit une marque: la griffe de Maurice.
On the cake she sees a mark: Maurice's claw.

Mme Lejeune prend une poêle.
Mrs. Lejeune takes a saucepan.
Elle va chercher Maurice . . .
She's going to look for Maurice . . .

Dans l
In th

Un papillon
A butterfly
Un arbre
A tree
Des gnomes
Some gnomes
Sont-ils vivants?
Are they alive?
Des feuilles
Leaves
Une balançoire
A swing
Une pelouse
A lawn
Un poisson rouge
A goldfish
Il dort.
It is asleep.
Une taupe
A mole
Elle dort.
It is asleep.
Des roses
Roses
Une taupinière
A mole-hill
De la rosée
Dew

ardin tôt le matin
arden early in the morning

Des cadeaux
Presents

Un cochon d'Inde
A guinea pig

Un costume d'astronaute
An astronaut costume

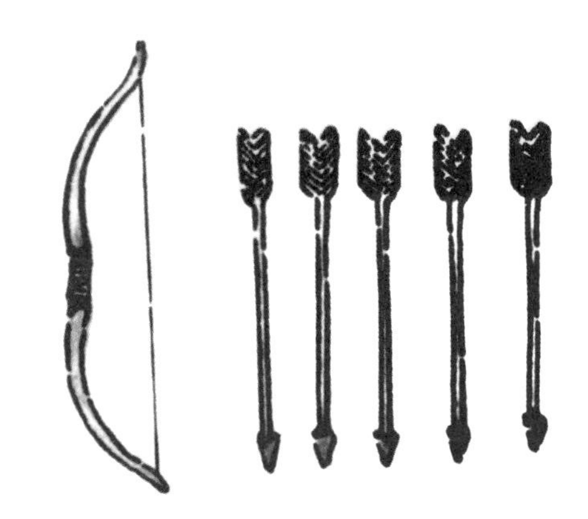

Un arc et des flèches
A bow and arrows

Un pot de peinture
A pot of paint

Des livres
Books

Un appareil de photos
A camera
Qui voyez-vous sur la photo?
Who can you see in the photo?

Des cartes
Cards

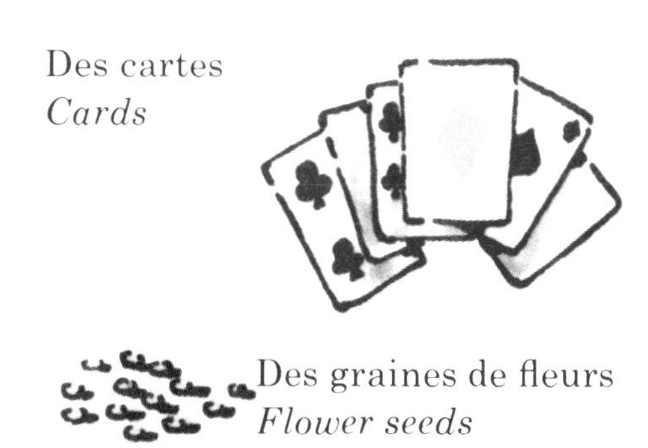

Des graines de fleurs
Flower seeds

Une tirelire et de l'argent
A money-box and some money

Des masques
Masks

Une marionnette
A puppet

Un grattoir
A back-scratcher

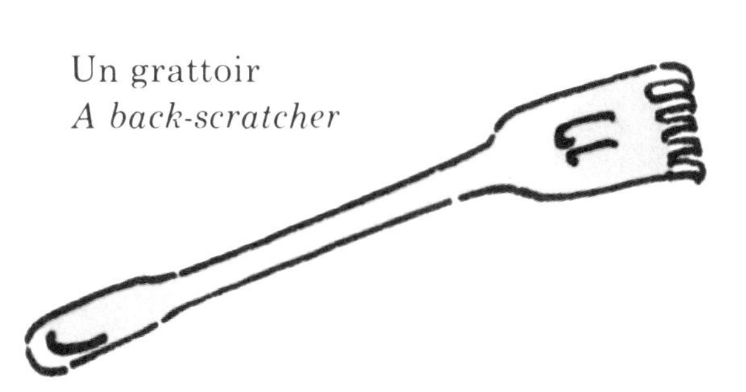

Un petit chien
A puppy
Donnez-lui un nom.
Give him a name.

Un canoë
A canoe

Un cerf-volant
A kite

Une bicyclette
A bicycle

Un trampolin
A trampoline

Du cacao
Cocoa
Du sucre
Sugar
Du chocolat liquide
Liquid chocolate
Des noix
Nuts
Un tablier
An apron
Des caramels
Caramels
Des crèmes à l'orange
Orange creams
Des crèmes au café
Coffee creams
Des écoliers et des écolières
Schoolboys and schoolgirls
Qui reconnaissez-vous?
Whom do you recognize?

Dans l'usine de chocolats
In the chocolate factory

Anatole et Jean vont au match de football
Anatole and John go to a soccer match

Anatole et Jean adorent le football.
Anatole and John love soccer.
Ils vont au match ensemble.
They are going to a match together.

Les *Lions* jouent contre les *Black Dogs.*
The Lions *are playing the* Black Dogs.
Les deux équipes sont très fortes.
Both teams are very strong.

Dans le stade il y a une foule énorme.
In the stadium there is an enormous crowd.

Anatole et Jean crient pour encourager les *Black Dogs.*
Anatole and John shout to encourage the Black Dogs.

Le match commence.
The match begins.
Les *Black Dogs* courent très vite.
The Black Dogs *run very fast.*

Le chef des *Black Dogs* va marquer un but.
The captain of the Black Dogs *is going to score a goal.*

C'est un but!
It's a goal!
Mais le ballon ne s'arrête pas.
But the ball doesn't stop.
Il tombe sur la tête d'Anatole!
It lands on Anatole's head!

Anatole est étourdi.
Anatole is dazed.

Anatole et Jean vont à la sortie.
Anatole and John go to the exit.
Le chef de stade arrive.
The manager of the stadium arrives.

Il donne à Anatole et à Jean des billets
gratuits pour le grand match de la semaine prochaine.
He gives Anatole and John free tickets for the big match next week.
Anatole et Jean sont très contents!
Anatole and John are very pleased!

Anatole au bord de la mer

Anatole n'aime pas l'eau froide.
Anatole doesn't like cold water.

Fido aime nager.
Fido likes swimming.

Le bébé mange du sable.
The baby is eating sand.
Il mange aussi des cailloux.
He's eating pebbles too.

La mère du bébé est endormie.
The baby's mother is asleep.
Elle veut se bronzer.
She wants to get sun-tanned.
Est-elle bronzée?
Is she sun-tanned?

Anatole at the seashore

En vacances
On vacation

Au bord de la mer
At the seashore
Trouvez une pelle, un seau et cinq coquillages.
Find a spade, a bucket and five shells.

Sur un canal
On a canal
Aimeriez-vous vivre sur une péniche?
Would you like to live on a barge?

À la montagne en hiver
In the mountains in winter
Qui fait du ski?
Who is ski-ing?
Savez-vous faire du ski?
Do you know how to ski?

À la campagne
In the country
Aimez-vous les pique-niques?
Do you like picnics?
Quel temps fait-il?
What is the weather like?

À la montagne en été
In the mountains in summer
Le soleil brille mais il y a encore de la neige.
The sun is shining but there is still some snow.

Sur une île déserte
On a desert island
Y a-t-il des maisons sur l'île?
Are there any houses on the island?

Dans la jungle
In the jungle
Il pleut.
It's raining.
Les perroquets vont sous les arbres.
The parrots go under the trees.

Sur un lac
On a lake
Sommes-nous en hiver ou en été?
Is it winter or summer?

Chez le coiffeur

Mlle Jeanne lave les cheveux de cette femme.
Miss Jane is washing this woman's hair.
La femme dit que l'eau est trop chaude.
The woman says that the water is too hot.

Sylvie a les cheveux très frisés.
Sylvia has very curly hair.
Elle préfère les cheveux plats.
She prefers straight hair.

Mlle Lebrun n'aime pas ses cheveux.
Miss Lebrun doesn't like her hair.
Elle veut les changer.
She wants to change it.
Elle choisit une perruque.
She is choosing a wig.

Du vernis à ongles
Nail polish

Un peigne
A comb

Un filet à cheveux
A hair-net

At the hairdresser's

Mme Lejeune est sous le séchoir.
Mrs. Lejeune is under the dryer.
Elle lit des magazines.
She is reading magazines.

Quelle horreur!
How terrible!
Les cheveux de Mme Leblanc sont devenus verts!
Mrs. Leblanc's hair has turned green!

Mlle Anne fait les ongles à cette femme.
Miss Anne is giving this woman a manicure.

Une brosse à cheveux
A hair-brush

De la laque
Lacquer

Des bigoudis
Rollers

Mlle Lebrun achète un chien
Miss Lebrun buys a dog

Mlle Lebrun veut acheter un chien.
Miss Lebrun wants to buy a dog.

Elle va à la boutique des animaux.
She goes to the pet-shop.

La boutique est pleine d'animaux.
The shop is full of animals.

Il y a des hamsters, des cochons d'Inde, des souris blanches, des chats, des serins, des lapins et des chiens.
There are hamsters, guinea pigs, white mice, cats, canaries, rabbits and dogs.

Mlle Lebrun regarde les chiens.
Miss Lebrun looks at the dogs.

Elle choisit un petit chien noir.
She chooses a small black dog.

Le chien mord Mlle Lebrun.
The dog bites Miss Lebrun.

Mlle Lebrun ne veut plus avoir de chien.
Miss Lebrun doesn't want a dog any longer.

Au lieu d'un chien, elle choisit quatre bols de poissons rouges.
Instead of a dog, she chooses four bowls of goldfish.

Mlle Lebrun est contente.
Miss Lebrun is happy.

Les poissons rouges ne mordent pas.
Goldfish don't bite.

Le match de hockey

Les filles ont marqué quatre buts.
The girls have scored four goals.
Les garçons ont marqué un seul but.
The boys have scored only one goal.

Les spectateurs
The spectators

Ils crient tous «Bravo!»
They are all shouting "Hooray!"
Les garçons crient moins fort que les filles.
The boys are shouting less loudly than the girls.

Des citrons, pour la mi-temps
Lemons, for half-time

L'arbitre
The referee
Il a beaucoup couru.
He has been running a lot.
De quelle couleur est son visage?
What color is his face?

Un short
Shorts

Le chef d'équipe des filles
The captain of the girls' team
Elle est très contente.
She is very pleased.

The field hockey match

La balle est allée très loin.
The ball has gone a long way away.
Fido veut trouver la balle.
Fido wants to find the ball.

Le professeur de sport de l'école des filles est très contente.
The sports mistress of the girls' school is very pleased.

Elle est très fière de son équipe.
She is very proud of her team.

Est-ce une fille ou un garçon?
Is this a girl or a boy?
Comment le savez-vous?
How do you know?

Une crosse de hockey
A hockey stick

Une chemisette de sport
A sports shirt

Le chef d'équipe des garçons
The captain of the boys' team
Il est furieux.
He is furious.
Il fait semblant d'être content.
He is pretending to be pleased.

Je vais être . . .
I'm going to be . . .

Cuisinière
A cook

Reporter
A reporter

Mannequin
A model

Femme d'intérieur
A housewife

Chanteuse de pop
A pop singer

Médecin
A doctor

Interviewer à la télé
A television interviewer

Hôtesse de l'air
A stewardess

Joueur professionnel de football
A professional soccer player

Gardien de zoo
A keeper at the zoo

Explorateur
An explorer

Jockey
A jockey

Facteur
A postman

Astronaute
An astronaut

Acteur
An actor

Pilote
A pilot

Maçon
A builder

Mécanicien
A mechanic

Le chef d'orchestre
The conductor
À la main il a un bâton blanc.
In his hand he has a white baton.
Il regarde les violonistes avec fureur.
He is looking at the violinists with fury.
Ils jouent mal.
They are playing badly.

Le premier violon.
The first violinist.
Il n'aime pas
le chef d'orchestre.
He does not like
the conductor.

Le pianiste
The pianist

Le chanteur
The male singer
Il a une voix assez faible.
He has a rather weak voice.
Il a peur de la chanteuse.
He is afraid of the lady singer.

Un concert *A concert*

Des tambours
Drums

Un cor anglais
A French horn

Une contrebasse
A double-bass
Le joueur de contrebasse est très petit.
The double-bass player is very small.
Il ne voit pas très bien le chef d'orchestre.
He can't see the conductor very well.

Des boucles d'oreille
Earrings

Un collier de diamants
A diamond necklace
Ce ne sont pas de vrais diamants.
They are not real diamonds.

Une robe rouge
A red dress

La chanteuse
The lady singer
Elle a une voix très forte.
She has a very powerful voice.

Des souliers dorés
Gold shoes

Anatole va au Salon de l'Auto
Anatole goes to the Auto Show

Anatole ne sait pas conduire une auto.
Anatole can't drive a car.

Mais il s'intéresse aux autos.
But he is interested in cars.

Il décide d'aller au Salon de l'Auto.
He decides to go to the Auto Show.

Mais Anatole n'a pas d'argent.
But Anatole has no money.
Il ne peut pas payer le prix d'entrée.
He cannot pay the entrance fee.

Mais soudain un monsieur arrive.
But suddenly a man comes along.

Il serre la main à Anatole.
He shakes Anatole's hand.

Anatole ne sait pas pourquoi.
Anatole doesn't know why.

Le monsieur dit: «Vous êtes le millionième visiteur au Salon de l'Auto!»
The man says: "You are the millionth visitor to the Auto Show!"

«Vous avez gagné un prix!»
"You have won a prize!"

Le monsieur montre son prix à Anatole.
The man shows Anatole his prize.

C'est une énorme auto.
It is a huge car.

Anatole voit Mme Leblanc.
Anatole sees Mrs. Leblanc.

Ils montent tous les deux dans l'auto.
They both get into the car.

Anatole sort du Salon de l'Auto.
Anatole leaves the Auto Show.

Mais il n'a toujours pas payé le prix d'entrée!
But he still hasn't paid the entrance fee!

Dans la cour de récréation
In the playground

Ce garçon n'aime pas jouer.
This boy doesn't like playing.
Il préfère lire.
He prefers reading.
Il lit une revue sportive.
He's reading a sports magazine.

Trois filles jouent à la marelle.
Three girls are playing hopscotch.

Cette fille a une nouvelle corde à sauter.
This girl has got a new jump rope.
Elle sait faire trois cents sauts sans s'arrêter.
She can do three hundred skips without stopping.

Cette fille fait ses devoirs.
This girl is doing her homework.

Marianne Deschamps met ses patins à roulettes.
Marion Deschamps is putting on her roller skates.

Ces filles jouent à cache-cache.
These girls are playing hide and seek.
Trouvez la fille qui se cache.
Find the girl who is hiding.

Ce garçon fume une cigarette.
This boy is smoking a cigarette.
De quelle couleur est son visage?
What color is his face?

Jean joue au football avec ses copains.
John is playing soccer with his pals.

Ces deux garçons ont faim.
These two boys are hungry.
Que mangent-ils?
What are they eating?

Les parents et les enfants
Parents and children

Henri Legros est mince.
Henry Legros is thin.
Son père, M. Legros, est gros.
His father, Mr. Legros, is fat.
Sa mère, Mme Legros, n'est ni grosse ni mince.
His mother, Mrs. Legros, is neither fat nor thin.

Voici quatre vers de terre: le grand-père, le père, le fils et le petit-fils.
Here are four worms: grandfather, father, son and grandson.
Qui est le père?
Which is the father?

Ce géant est très grand.
This giant is very tall.
Sa fille est très petite.
His daughter is very short.
C'est un bébé.
She is a baby.

Ce kangourou a son enfant dans sa poche.
This kangaroo has its child in its pouch.

Cet agneau n'a pas de mère.
This lamb has no mother.
Le berger lui donne du lait.
The shepherd gives it some milk.

La mère de ce petit chien est un caniche.
This puppy's mother is a poodle.
Son père est un boxer.
His father is a boxer.
Le petit chien n'est ni caniche ni boxer.
The puppy is neither a poodle nor a boxer.

Voici un homme, sa femme, son fils, sa fille et son chien.
Here are a man, his wife, his son, his daughter and his dog.
Ils se ressemblent.
They look like one another.

Pierre va dans la lune
Peter goes to the moon

Une photo de l'amie de Pierre
A photo of Peter's girl-friend

Le ciel est bleu foncé.
The sky is dark blue.

Une photo du père et de la mère de Pierre
A photo of Peter's father and mother

Une photo de l'inventeur du vaisseau spatial.
A photo of the inventor of the spacecraft.

Le goûter de Pierre
Peter's tea

Le déjeuner de Pierre
Peter's lunch

Des étoiles
Stars

Le petit déjeuner de Pierre
Peter's breakfast

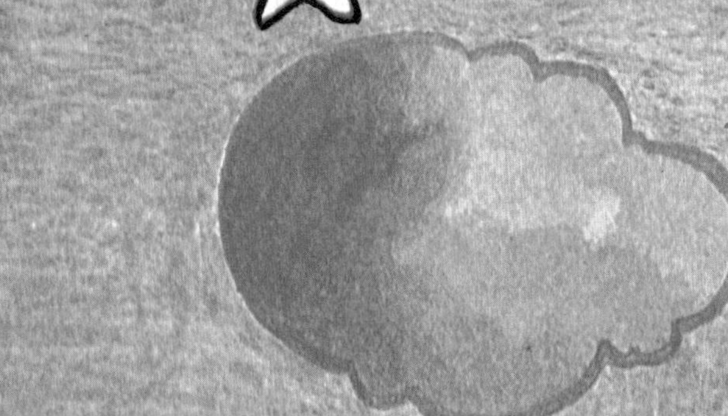

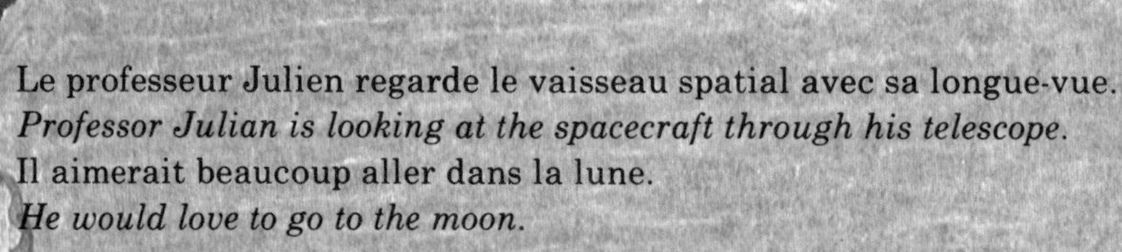

Le professeur Julien regarde le vaisseau spatial avec sa longue-vue.
Professor Julian is looking at the spacecraft through his telescope.
Il aimerait beaucoup aller dans la lune.
He would love to go to the moon.

Un morceau de terre
A bit of earth
Pierre va le mettre sur la lune.
Peter is going to put it on the moon.
La lune
The moon
Elle est encore très loin.
It is still a long way away.
Le manuel d'entretien
The instruction book
L'indicateur de vitesse
The speedometer
Pierre va de plus en plus vite.
Peter is going faster and faster.
Il adore aller vite.
He loves going fast.
Le vaisseau spatial
The spacecraft

Mme Lejeune choisit un chapeau
Mrs. Lejeune chooses a hat

Mme Lejeune veut s'acheter un chapeau neuf.
Mrs. Lejeune wants to buy herself a new hat.
Il y a beaucoup de choix.
There is a big choice.

Elle essaie un grand chapeau.
She tries on a big hat.

Ensuite elle met un petit chapeau.
Next she puts on a small hat.

Mme Lejeune adore le noir.
Mrs. Lejeune loves black.
Elle met un chapeau noir avec une voilette.
She puts on a black hat with a veil.

La vendeuse choisit un chapeau couvert de fleurs.
The salesgirl chooses a hat covered in flowers.
Mme Lejeune ne l'aime pas.
Mrs. Lejeune doesn't like it.

Mme Lejeune essaie un chapeau en plastique.
Mrs. Lejeune tries on a plastic hat.
Il ne lui va pas.
It doesn't suit her.

Mme Lejeune ne trouve pas de chapeau.
Mrs. Lejeune can't find a hat.

Soudain, Mme Lejeune remarque un chapeau à plumes.
Suddenly, Mrs. Lejeune notices a hat with feathers.
Il est parfait!
It's perfect!

Mais c'est le chapeau d'une autre femme.
But it's another woman's hat.

Mme Lejeune donne de l'argent à la femme.
Mrs. Lejeune gives the woman some money.
Toutes les deux sont très contentes.
Both of them are very pleased.

Anatole essaie de mettre des patins.
Anatole is trying to put on some skates.
Il ne veut pas patiner.
He doesn't want to skate.
Il a peur de tomber.
He is afraid of falling down.

Le stand de rafraîchissements
The snack bar

Albert aime regarder les patineurs.
Albert likes watching the skaters.

M. Legros est trop gros pour patiner.
Mr. Legros is too fat to skate.
Il patine parce qu'il veut maigrir.
He skates because he wants to get thin.

Des bottes blanches
White boots

Sylvie patine très mal.
Sylvia skates very badly.
Mais elle a beaucoup d'amis.
But she has a lot of friends.
Ils l'aident.
They help her.

Mlle Lebrun ne patine pas très bien.
Miss Lebrun doesn't skate very well.
Elle essaie d'apprendre dans un livre.
She is trying to learn from a book.

À la patinoire *At the ice-rink*

Des squelettes
Skeletons

Trouvez l'image qui va avec chaque squelette.
Find the drawing which goes with each skeleton.

Un dinosaure
A dinosaur
Il n'y a plus de dinosaures.
There are no more dinosaurs.

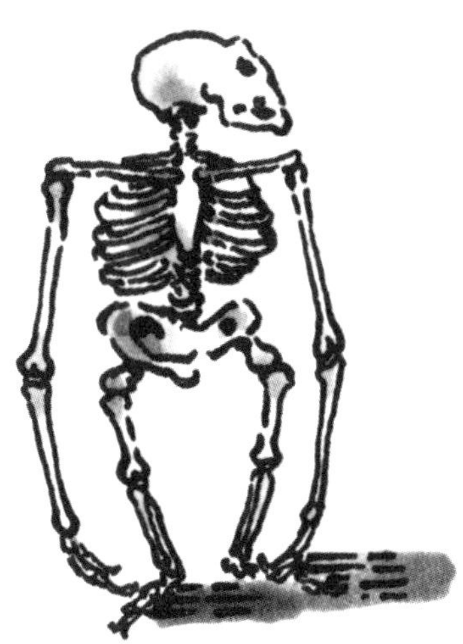

Un gorille
A gorilla
Son squelette ressemble au squelette suivant.
Its skeleton looks like the next skeleton.

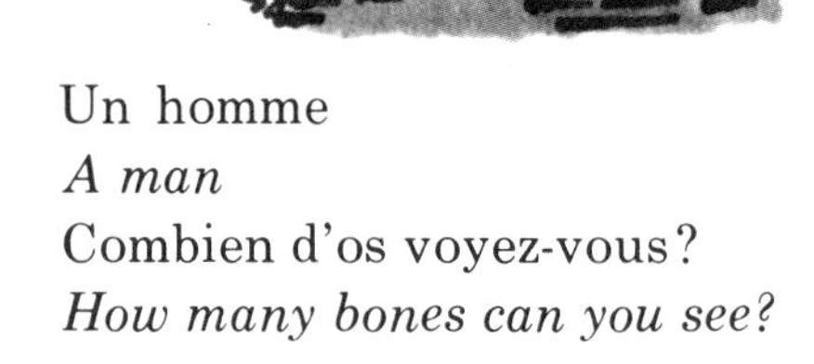

Un homme
A man
Combien d'os voyez-vous?
How many bones can you see?

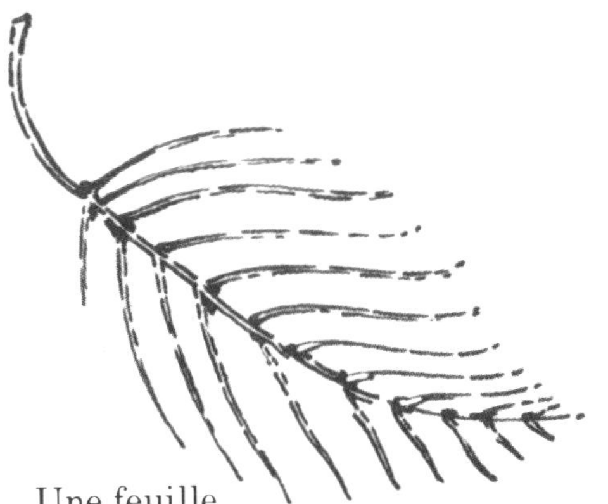

Une feuille
A leaf
Voici les veines d'une feuille.
Here are the veins of a leaf.

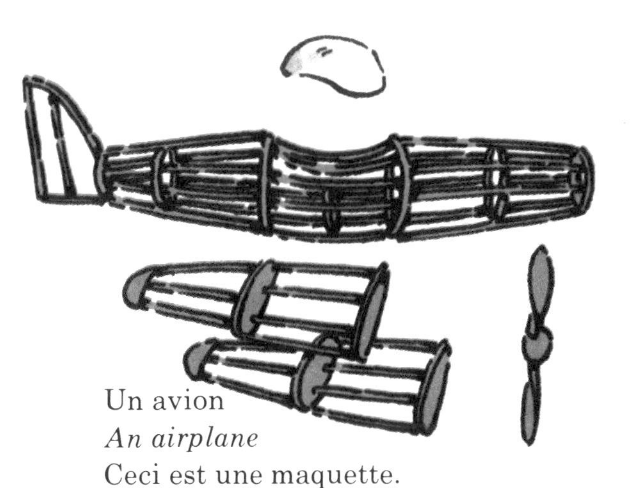

Un avion
An airplane
Ceci est une maquette.
This is a model.

Un poisson
A fish
Je crois que c'est un hareng.
I think it's a herring.

Sur l'escalier roulant

Jérôme, le gitan
Jeremy, the gypsy
Qu'a-t-il sous le bras?
What has he got under his arm?

Anatole regarde les affiches.
Anatole is looking at the advertisements.
Il voit l'image d'un grand lit.
He sees a picture of a big bed.
Anatole n'a pas de lit.
Anatole has no bed.

Albert n'aime pas l'escalier roulant.
Albert doesn't like the escalator.

Maurice n'a pas besoin d'escalier.
Maurice doesn't need a staircase.
Il vole au-dessus de tout le monde.
He flies above everybody.

Un manteau de fourrure
A fur coat

Un sac à provisions
A shopping basket

Un parapluie
An umbrella

Cette femme est très étonnée de voir un perroquet.
This woman is very surprised to see a parrot.

On the escalator

Jean essaie de descendre l'escalier qui monte.
John is trying to go down the up staircase.

Une grand-mère
A grandmother
Elle déteste l'escalier roulant.
She hates the escalator.
Il va trop vite.
It goes too fast.

Des gants
Gloves

Un grand-père
A grandfather
Il essaie d'aider sa femme.
He is trying to help his wife.

Un sac à main
A handbag

Un chapeau melon
A bowler hat

Une grande valise
A large suitcase

Un pardessus
An overcoat

Quelqu'un essaie d'aider le grand-père.
Somebody is trying to help the grandfather.

Mme Lejeune et Anatole font du pain
Mrs. Lejeune and Anatole make bread

Mme Lejeune et Anatole font du pain.
Mrs. Lejeune and Anatole are making bread.
Ils mélangent de la farine, de l'eau et du sel.
They mix together flour, water and salt.

Anatole essaie de lire la recette.
Anatole tries to read the recipe.

Mme Lejeune met deux cuillerées de levain.
Mrs. Lejeune puts in two spoonfuls of yeast.

Ils mettent le pain sur le radiateur.
They put the bread on the radiator.

Le pain va devenir deux fois plus grand.
The bread will become twice as big.

Mme Lejeune et Anatole sortent de la cuisine.
Mrs. Lejeune and Anatole go out of the kitchen.
Le pain commence à devenir plus grand.
The bread begins to get bigger.

Une heure plus tard Mme Lejeune et Anatole reviennent.
An hour later Mrs. Lejeune and Anatole come back.

Le pain a débordé!
The bread has overflowed!

Le radiateur est couvert de pain.
The radiator is covered in bread.

Mme Lejeune regarde la recette.
Mrs. Lejeune looks at the recipe.

Il y avait trop de levain dans le pain.
There was too much yeast in the bread.

C'est la faute d'Anatole.
It's Anatole's fault.

Mme. Lejeune prend un morceau du pain.
Mrs. Lejeune takes a bit of the bread.
Elle le mange.
She eats it.

Le pain est cuit.
The bread is cooked.
Tout est bien qui finit bien.
All's well that ends well.
Anatole et Mme Lejeune font un souper délicieux.
Anatole and Mrs. Lejeune have a delicious supper.

Ils ne se mettent pas à table.
They don't sit at the table.

Ils mangent sur le radiateur!
They eat off the radiator!

Ma famille
My family

Un de mes grands cousins
One of my big cousins
Il s'appelle Paul.
He's called Paul.
Il est marin.
He's a sailor.

Une de mes tantes
One of my aunts
Un cochon d'Inde
vient de la mordre.
A guinea pig has
just bitten her.

Mon père
My father
Sa chemise est trop étroite.
His shirt is too tight.

Mon grand-père
My grandfather

Ma grand-mère
My grandmother
Elle a les cheveux
bleus.
She has blue hair.

Moi!
Me!

Quatre petits cousins
Four little cousins

Mon oncle
My uncle
C'est le frère de mon père.
He is my father's brother.
Ils sont jumeaux.
They are twins.

Encore un oncle
Another uncle
C'est le mari de ma tante préférée.
He's my favorite aunt's husband.

Mon parrain
My godfather

Ma sœur
My sister
Elle adore se maquiller.
She loves making herself up.

Ma tante préférée
My favorite aunt

Mon frère
My brother

Ma mère
My mother
Elle essaie de sourire.
She is trying to smile.

Il a neuf ans, et il a trois cochons d'Inde.
He is nine, and he has three guinea pigs.

Claude est le chien de mon parrain.
Claude is my godfather's dog.

J'aime manger . . .
I like eating . . .

J'aime manger des légumes.
I like eating vegetables.

J'aime surtout:
I particularly like:

Les petits pois
Peas

Les carottes
Carrots

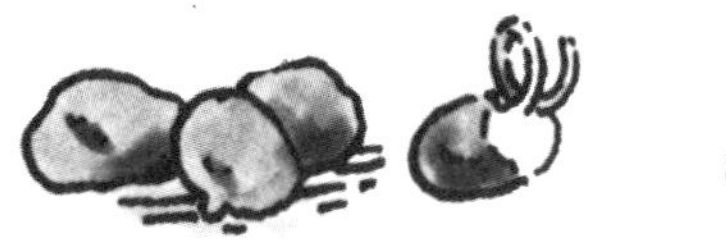

Les pommes de terre (surtout les frites)
Potatoes (especially french fries)

La laitue
Lettuce

Les concombres
Cucumbers

Les choux de Bruxelles
Brussels sprouts

Mais je n'aime pas:
But I don't like:

Les épinards
Spinach

Les oignons
Onions

J'aime manger des fruits.
I like eating fruit.

Mes fruits préférés sont:
My favorite fruits are:

Les ananas
Pineapples

Les poires
Pears

Les pamplemousses
(et le jus de pamplemousse)
Grapefruit (and grapefruit juice)

Les bananes
Bananas

Les pêches
Peaches

Les melons
Melons

Les fraises (et la glace à la fraise)
Strawberries (and strawberry ice-cream)

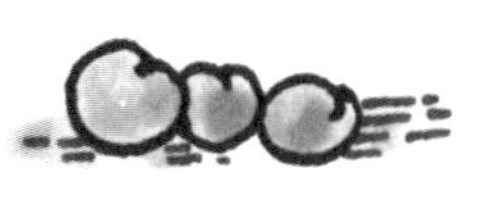

Les abricots (surtout le yaourt aux abricots)
Apricots (particularly apricot yogurt)

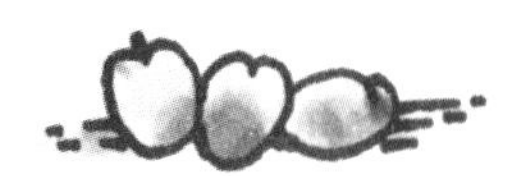

Les prunes
Plums

Les pommes
Apples

J'aime manger tous les fruits
—sauf les citrons.
I like eating all fruits—except lemons.

J'aime le pain, avec beaucoup de beurre et de confiture.
I like bread, with lots of butter and jam.

J'aime les biscuits et les gâteaux.
I like biscuits and cakes.

Je n'aime pas beaucoup les œufs.
I don't like eggs much.
J'adore la viande, surtout les hamburgers.
I love meat, especially hamburgers.

J'aime boire du Coca ou du thé.
I like drinking Coca-Cola or tea.
Je déteste le lait.
I hate milk.

Mon plat préféré est des spaghetti avec de la sauce aux tomates, du fromage, et une saucisse.
My favorite dish is spaghetti with tomato sauce, cheese and a sausage.

L'anniversaire d
Peter th

Henri Legros admire Pierre.
Henry Legros admires Peter.
Il veut être astronaute lui aussi.
He too wants to be an astronaut.

Pierre regarde son gâteau d'anniversaire.
Peter is looking at his birthday cake.

Pierre l'astronaute
astronaut's birthday

Mme Leblanc
Mrs. Leblanc
C'est une amie de Pierre.
She is a friend of Peter's.
Quand il rentre de la lune,
elle le prend toujours dans son taxi.
When he comes back from the moon,
she always picks him up in her taxi.

Anatole aime beaucoup les anniversaires.
Anatole loves birthdays.
Il adore surtout les
cacahuètes.
He particularly loves
peanuts.

Des cacahuètes
Peanuts

Une cuillère
A spoon

De la glace à la fraise
Strawberry ice-cream
Henri Legros a apporté deux grands bols de glace.
Henry Legros brought two large bowls of ice-cream.

Des sandwichs au jambon
Ham sandwiches

Une cravate
A tie
C'est un cadeau du professeur Julien.
It's a present from Professor Julian.
Combien d'étoiles voyez-vous?
How many stars can you see?

Jérôme va aux courses
Jeremy goes to the races

Jérôme a froid et faim.
Jeremy is cold and hungry.

Il veut s'acheter une couverture et du fromage.
He wants to buy himself a blanket and some cheese.

Mais il n'a pas d'argent.
But he has no money.

Mais il a beaucoup de bruyère.
But he has a lot of heather.
Il en fait beaucoup de petits brins.
He makes it into lots of small sprigs.

Il va aux courses.
He goes to the races.
Au champ il y a beaucoup de monde.
At the track there are a lot of people.

Jérôme vend quelques brins de bruyère.
Jeremy sells a few sprigs of heather.
Les gens croient que la bruyère porte bonheur.
People think that heather is lucky.

Un gros homme en achète quatre brins.
A fat man buys four sprigs.

Son cheval va courir dans la prochaine course.
His horse is going to run in the next race.
Il a besoin de chance.
He needs good luck.

Mais en deux heures Jérôme n'a vendu que dix brins.
But in two hours Jeremy has sold only ten sprigs.

Soudain le gros homme revient.
Suddenly, the fat man comes back.
Son cheval a gagné!
His horse has won!

Le gros homme est très content.
The fat man is very happy.
Il achète toute la bruyère de Jérôme.
He buys all Jeremy's heather.

Jérôme aussi est très content.
Jeremy is very happy too.

Il a assez d'argent pour s'acheter deux couvertures, du fromage, une boîte de chocolats et un cigare!
He has enough money to buy himself two blankets, some cheese, a box of chocolates and a cigar!

Des mouettes
Seagulls
Des nuages
Clouds
Jean regarde par la fenêtre.
John is looking out of the window.
Il adore le mouvement de l'aéroglisseur.
He loves the movement of the hovercraft.
Il est très heureux.
He is very happy.
Il pleut.
It is raining.
L'hôtesse
The hostess
Elle préfère voyager en avion.
She prefers traveling by plane
L'eau de mer est salée.
The sea-water is salty.
Des vagues
Waves

Anatole en aéroglisseur
Anatole in a hovercraft

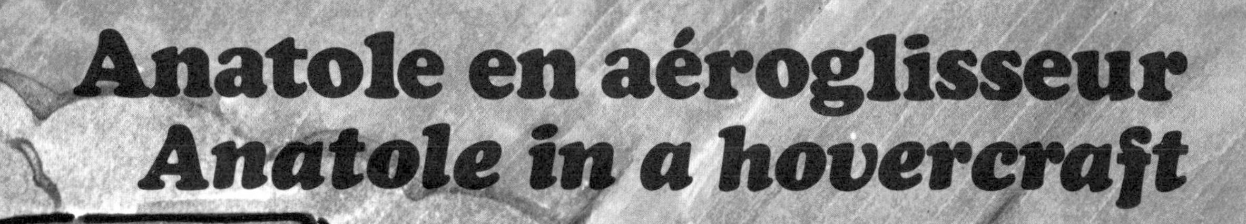

Le capitaine de l'aéroglisseur
The captain of the hovercraft

Anatole regarde par la fenêtre.
Anatole is looking out of the window.
De quelle couleur est le visage d'Anatole?
What color is Anatole's face?
Il a le mal de mer.
He is feeling sea-sick.

Fido aussi a le mal de mer.
Fido is feeling sea-sick too.

Un poisson
A fish

L'aéroglisseur
The hovercraft
Il ne touche pas l'eau.
It does not touch the water.
Il est sur un coussin d'air.
It is on a cushion of air.

Combien de poissons voyez-vous?
How many fish can you see?

Maison à vendre
House for sale

Cette maison est à vendre.
This house is for sale.
Des gens l'inspectent.
People are looking at it.
Est-ce que la maison est terminée?
Is the house finished?

La salle de bains
The bathroom
Où est la baignoire?
Where is the bathtub?

La cuisine
The kitchen

Le frigidaire
The refrigerator

Une chambre à coucher
A bedroom

Combien de lits y a-t-il?
How many beds are there?

La salle à manger
The dining-room

Les maçons et les peintres ont faim.
The builders and painters are hungry.

L'escalier
The staircase

Le vestibule
The hall

La salle de séjour
The living-room

Une chaise
A chair

Un canapé
A sofa

Un fauteuil
An armchair

Le jardin
The garden

Une niveleuse
A bulldozer

Dans un bureau
In an office

Un tableau du patron
A painting of the boss
Ressemble-t-il au patron?
Does it look like the boss?

Le patron
The boss
Il est riche.
He is rich.
Il veut être encore plus riche.
He wants to be even richer.

La secrétaire du patron
The boss's secretary

Elle répond aux deux téléphones.
She is answering both the telephones.

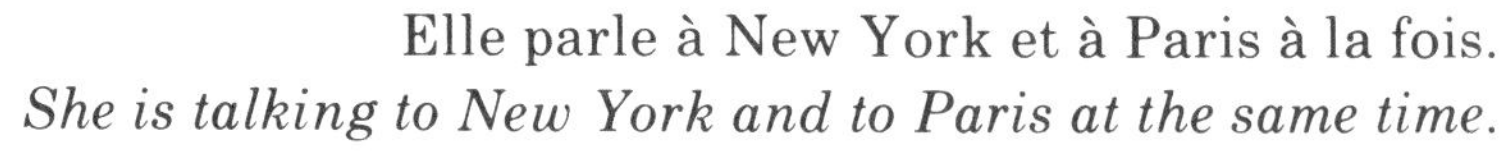

Elle parle à New York et à Paris à la fois.
She is talking to New York and to Paris at the same time.

Mais elle ne parle pas français.
But she cannot speak French.

Alors elle ne dit pas grand'chose à Paris.
So she is not saying much to Paris.

Un calendrier
A calendar
Des tasses de thé et de café
Cups of tea and coffee
Un classeur
A filing cabinet
Des lettres
Letters
Le laveur de carreaux
The window cleaner
Une machine à écrire
A typewriter
Une sténodactylographe
A shorthand-typist
Elle écrit cent mots à la minute.
She writes a hundred words a minute.
Cette secrétaire se fait les ongles.
This secretary is giving herself a manicure.

Des grands bâtiments
Big buildings

Une usine
A factory
Tout le monde travaille.
Everybody is working.

Une école
A school
Presque tout le monde travaille.
Nearly everyone is working.

Un immeuble de bureaux
An office building

Un immeuble
An apartment building
Quelles différences y a-t-il entre cet immeuble et l'immeuble de bureaux?
What differences are there between this building and the office building?

Une bibliothèque
A library
Il y a des livres partout.
There are books everywhere.

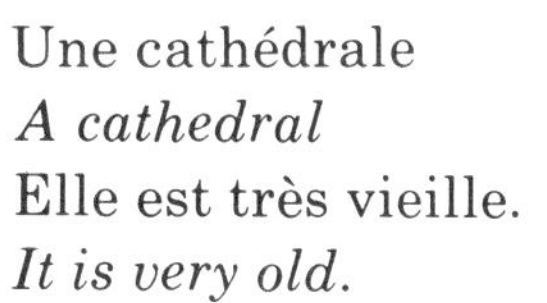

Une cathédrale
A cathedral
Elle est très vieille.
It is very old.

Un grand magasin
A department store
Dans ce magasin vous pouvez acheter tout ce que vous voulez.
In this store you can buy everything you want.

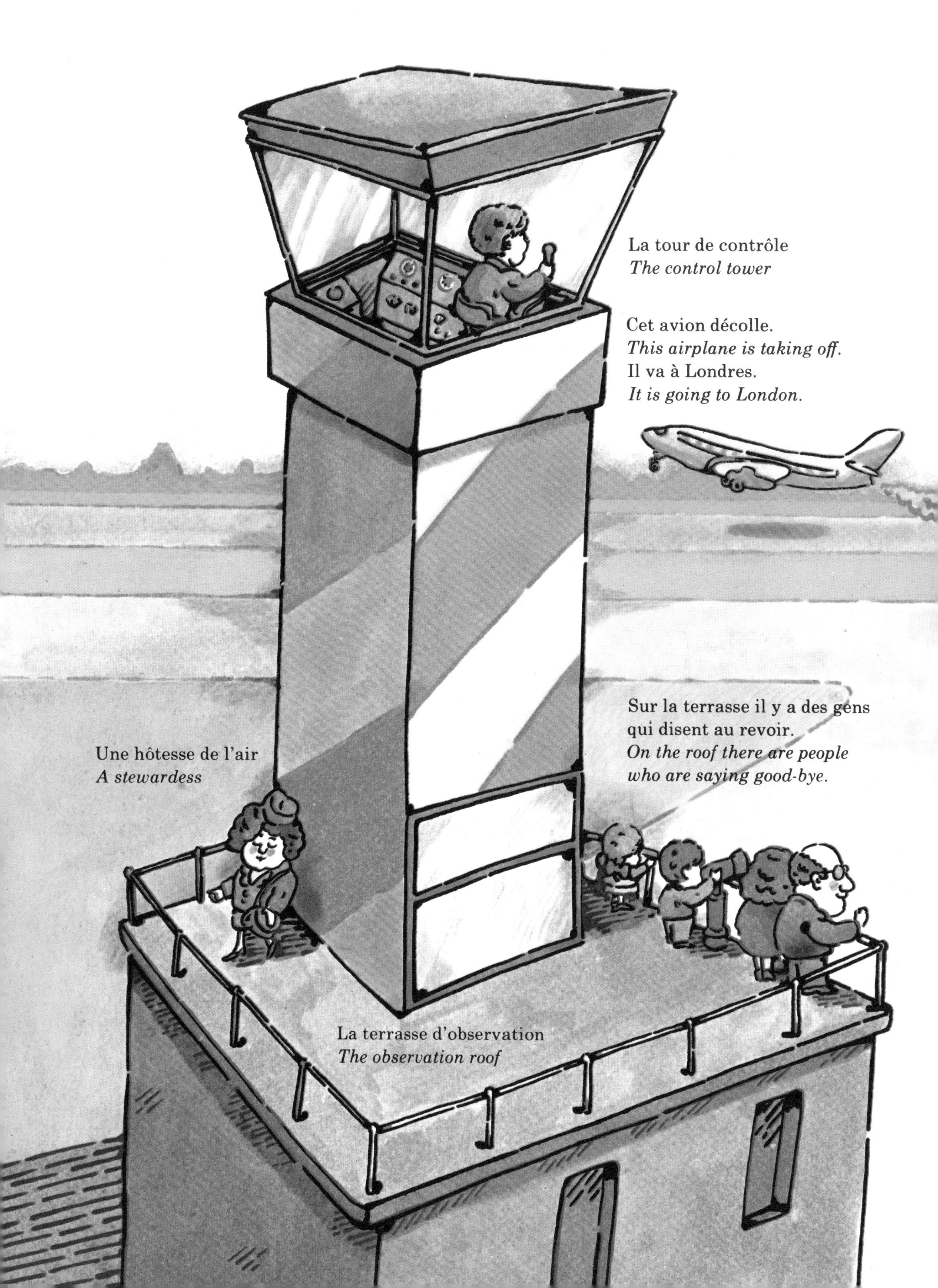
La tour de contrôle
The control tower
Cet avion décolle.
This airplane is taking off.
Il va à Londres.
It is going to London.
Une hôtesse de l'air
A stewardess
Sur la terrasse il y a des gens
qui disent au revoir.
On the roof there are people
who are saying good-bye.
La terrasse d'observation
The observation roof

À l'aéroport
At the airport

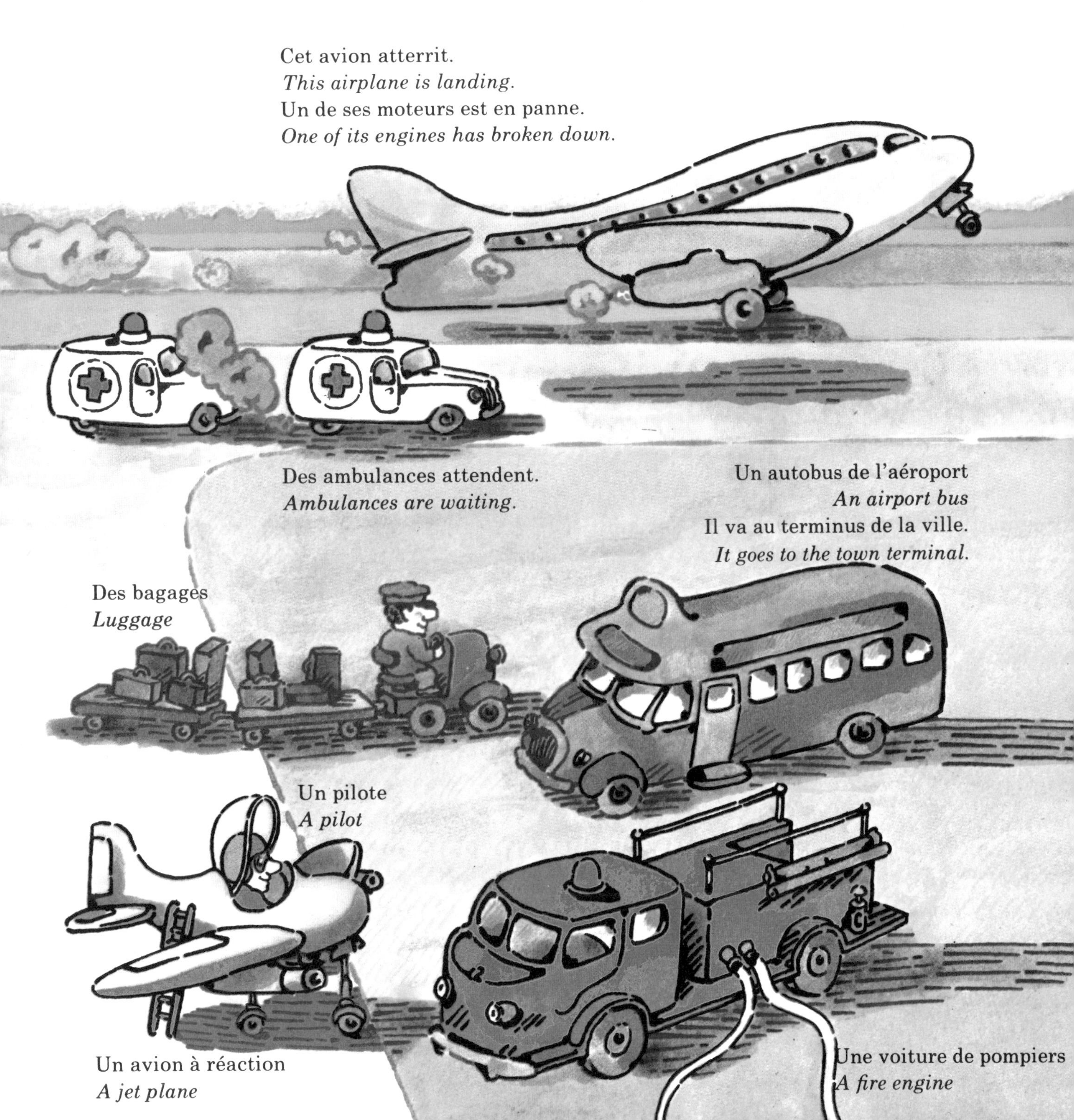

Cet avion atterrit.
This airplane is landing.
Un de ses moteurs est en panne.
One of its engines has broken down.

Des ambulances attendent.
Ambulances are waiting.

Un autobus de l'aéroport
An airport bus
Il va au terminus de la ville.
It goes to the town terminal.

Des bagages
Luggage

Un pilote
A pilot

Un avion à réaction
A jet plane

Une voiture de pompiers
A fire engine

Les voleurs
The burglars

C'est l'hiver.
It's winter.
Anatole et Fido cherchent un endroit chaud pour y passer la nuit.
Anatole and Fido are looking for a warm place to spend the night.

Dans la rue il y a aussi deux voleurs.
In the street there are also two burglars.
Les voleurs vont à la maison de M. et Mme Blanc.
The burglars go to Mr. and Mrs. Blanc's house.

Ils cassent la serrure.
They break the lock on the door.
Les voleurs remplissent leurs sacs.
The burglars fill their sacks.

Tout à coup, ils entendent un bruit.
Suddenly they hear a noise.
Jeanne Blanc est somnambule.
Jane Blanc is walking in her sleep.

Ils croient que c'est un fantôme.
They think she is a ghost.
Ils s'enfuient.
They run away.

Anatole et Fido sont là.
Anatole and Fido are there.
Ils essaient de se réchauffer.
They are trying to get warm.
Anatole saisit les voleurs et Fido aboie.
Anatole grabs the burglars and Fido barks.

M. et Mme Blanc se réveillent.
Mr. and Mrs. Blanc wake up.
M. Blanc téléphone à la police.
Mr. Blanc telephones the police.

Le gendarme emmène les voleurs.
The policeman takes the burglars away.
M. et Mme Blanc remercient Anatole.
Mr. and Mrs. Blanc thank Anatole.

Ils lui donnent un lit chaud et confortable.
They give him a warm and comfortable bed.
Anatole et Fido sont très heureux.
Anatole and Fido are very happy.

Au musée de cire *At the wax*

Jeanne d'Arc
Joan of Arc
C'est l'héroïne de la France.
She is the heroine of France.

Un assassin
An assassin

Un autre assassin
Another assassin

Anatole regarde un employé du musée.
Anatole is looking at a museum worker.
Il croit que l'employé est fait en cire.
He thinks the worker is made of wax.

Les deux assassins complotent.
The two assassins are plotting.

Un homme politique
A politician

Deux idoles de pop
Two pop stars

museum

La reine Elizabeth 1ère d'Angleterre
Queen Elizabeth I of England
Elle portait souvent des perles dans ses cheveux.
She often wore pearls in her hair.

Mohammad Ali,
le champion de boxe
Mohammad Ali,
the boxing champion

Un explorateur du dix-neuvième siècle
A nineteenth-century explorer

Un joueur de football
A soccer player

Jean regarde le joueur de football.
John is looking at the soccer player.
Il veut être joueur professionnel de football.
He wants to be a professional soccer player.

Des Peaux-Rouges
Indians

Comment se déplacent-ils?
How do they get around?

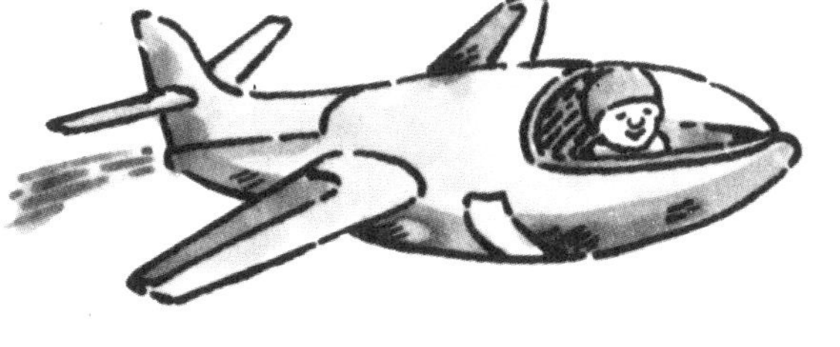

Le pilote vole dans un avion à réaction.
The pilot flies in a jet plane.

Jérôme se déplace dans sa roulotte.
Jeremy gets around in his van.
Son cheval marche très lentement.
His horse goes very slowly.
Quand il a faim, le cheval s'arrête.
When he's hungry, the horse stops.

Fido marche.
Fido walks.
Quand il est très fatigué Anatole le porte.
When he is very tired Anatole carries him.

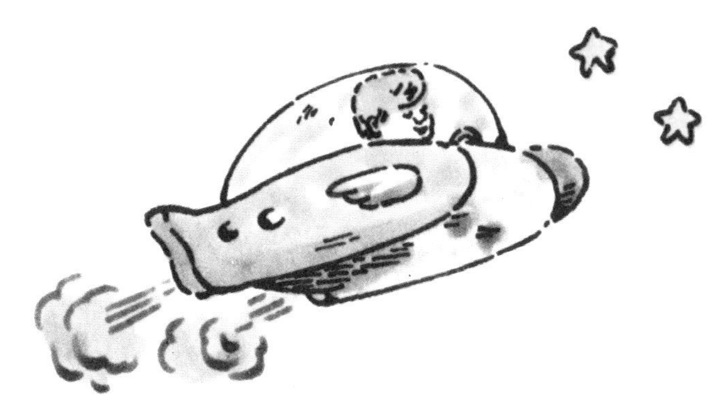

Pierre se déplace en vaisseau spatial.
Peter gets around in a spacecraft.

Maurice vole.
Maurice flies.
Il va très vite.
He goes very fast.
Il n'a jamais d'ennuis avec la circulation.
He never has problems with the traffic.

Anatole se déplace à pied.
Anatole gets around on foot.
Il ne vas pas très vite.
He doesn't go very quickly.

Mme Leblanc se déplace dans son taxi.
Mrs. Leblanc gets around in her taxi.
Elle aime rouler vite.
She likes going fast.
Quand la circulation est mauvaise elle est furieuse.
When the traffic is bad she is furious.

Le conducteur d'autobus se déplace en autobus.
The bus driver gets around in a bus.

Le milliardaire se déplace dans un grand yacht.
The millionaire gets around in a big yacht.

Mlle Lebrun n'aime pas aller vite.
Miss Lebrun doesn't like going fast.
Elle se déplace à bicyclette.
She gets around on a bicycle.

Marianne Deschamps a des patins à roulettes.
Marion Deschamps has got some roller skates.
Ses souris blanches adorent aller vite.
Her white mice love going fast.

Et vous?
And you?

Comment vous déplacez-vous?

How do you get around?

Un soir chez les Deschamps
An evening at the Deschamps' h

M. Deschamps regarde la télé.
Mr. Deschamps is looking at the television.

Le chien de M. Deschamps
Mr. Deschamps' dog

Il adore les programmes de sport.
He loves sports programs.

Des bottes en caoutchouc
Rubber boots

Combien de paires y a-t-il?
How many pairs are there?

Un agneau
A lamb

ouse

Une lampe
A lamp

Marianne suce toujours son bic.
Marion always sucks her ballpoint.

Mme Deschamps fait une robe.
Mrs. Deschamps is making a dress.

Du fil
Cotton

Un bic
A ballpoint

Une machine à coudre
A sewing machine

Le taille-crayons de Marianne
Marion's pencil-sharpener

Il a la forme d'une baleine.
It is shaped like a whale.

Le tissu
The material

Le patron
The pattern

Marianne Deschamps fait ses devoirs.
Marion Deschamps is doing her homework.

Elle déteste les maths.
She hates maths.

Mlle Lebrun lui donne presque toujours zéro.
Miss Lebrun nearly always gives her zero.

Elle adore les robes à fleurs.
She loves dresses with flowers.
Combien de fleurs voyez-vous?
How many flowers can you see?

Est-ce que Mme Deschamps ressemble à la femme sur le patron?
Does Mrs. Deschamps look like the woman in the pattern?

Il n'a pas de mère.
It has no mother.

Connaissez-vous?
Do you know?

Les mois de l'année / *The months of the year*

Les mois de l'année	*The months of the year*
janvier	*January*
février	*February*
mars	*March*
avril	*April*
mai	*May*
juin	*June*
juillet	*July*
août	*August*
septembre	*September*
octobre	*October*
novembre	*November*
décembre	*December*

Les saisons de l'année / *The seasons of the year*

Les saisons de l'année	*The seasons of the year*
le printemps	*spring*
l'été	*summer*
l'automne	*autumn*
l'hiver	*winter*

Les jours de la semaine / *The days of the week*

Les jours de la semaine	*The days of the week*
lundi	*Monday*
mardi	*Tuesday*
mercredi	*Wednesday*
jeudi	*Thursday*
vendredi	*Friday*
samedi	*Saturday*
dimanche	*Sunday*

La boussole / *The compass*

La boussole	*The compass*
Nord	*North*
Sud	*South*
Est	*East*
Ouest	*West*

En voyage / *Travelling*

En voyage	*Travelling*
la route	*the road*
une route nationale	*a main road*
l'autoroute	*the highway*
circulation interdite	*closed to traffic*
stationnement interdite	*no parking*
poids lourds	*trucks*
tenez la droite	*keep right*
serrez à droite	*keep right*
circulez!	*move along*
attention!	*look out*
une contravention	*a (parking or other) ticket*
les contractuels	*traffic wardens*
un motard	*a policeman on a motorbike*
au secours!	*help!*
je suis désolé	*I am so sorry*
excusez-moi	*sorry*
pardon	*excuse me*

Les parties du monde — *The continents*

Les parties du monde	*The continents*
L'Afrique	*Africa*
L'Asie	*Asia*
L'Océanie	*Australasia*
L'Europe	*Europe*
L'Amérique du Nord	*North America*
L'Amérique du Sud	*South America*

Quelques pays — *Some countries*

Quelques pays	*Some countries*
L'Australie	*Australia*
l'Autriche	*Austria*
l'Argentine	*Argentina*
La Belgique	*Belgium*
Le Canada	*Canada*
les Îles Normandes	*the Channel Islands*
le Danemark	*Denmark*
l'Angleterre	*England*
la République Irlandaise	*Eire (Ireland)*
la Finlande	*Finland*
la France	*France*
l'Allemagne	*Germany*
la Grèce	*Greece*
la Hollande	*Holland*
la Hongrie	*Hungary*
l'Italie	*Italy*
le Mexique	*Mexico*
le Luxembourg	*Luxemburg*
l'Irlande du Nord	*Northern Ireland*
la Norvège	*Norway*
la Nouvelle Zélande	*New Zealand*
la Pologne	*Poland*
le Portugal	*Portugal*
la Russie	*Russia*
l'Écosse	*Scotland*
l'Afrique du Sud	*South Africa*
l'Espagne	*Spain*
la Suède	*Sweden*
la Suisse	*Switzerland*
la Turquie	*Turkey*
les États-Unis	*United States*
le Pays de Galles	*Wales*
la Yugoslavie	*Yugoslavia*

Quelques couleurs — *Some colors*

Quelques couleurs	*Some colors*
rouge	*red*
bleu	*blue*
vert	*green*
jaune	*yellow*
blanc	*white*
noir	*black*
violet	*violet*
brun	*brown*
marron	*brown*
rose	*pink*
orange	*orange*
bordeaux	*maroon*

Quelques nombres — *Some numbers*

Quelques nombres	*Some numbers*
un	*one*
deux	*two*
trois	*three*
quatre	*four*
cinq	*five*
six	*six*
sept	*seven*
huit	*eight*
neuf	*nine*
dix	*ten*
onze	*eleven*
douze	*twelve*
treize	*thirteen*
quatorze	*fourteen*
quinze	*fifteen*
seize	*sixteen*
dix-sept	*seventeen*
dix-huit	*eighteen*
dix-neuf	*nineteen*
vingt	*twenty*
cent	*a hundred*

A page for parents

I can read French is not intended to be a child's only source of French, but to be a supplement to other sources. For the child who knows no French it can be used in English, with occasional French words and phrases brought in as and when the parent feels the child can deal with them. In this way, the book can be used as a very gradual introduction to French. However, it will probably be more widely used by children who know a little French; and the following suggestions are given for such a child.

First of all, either the child reading the book, or a parent or friend, should know how to pronounce the French words in it. To get the greatest benefit the child should read the words aloud, and whenever necessary should be helped with pronunciation (see page 8). Many of the words reappear several times in the book, and if they are pronounced wrongly the first time, will be thoroughly but incorrectly learned by the end of the book.

The section **Les amis d'Anatole** (pages 12 to 15) should be read first, as it introduces many characters who reappear throughout the book. After that, the sections can be read in any order as each is complete in itself. Children who know only very little French should start with the sections which have the smallest number of sentences, for example **De l'hélicoptère** (page 32) and **Dans le jardin tôt le matin** (page 48). Usually the sections in full color contain a greater number of isolated words than the sections in two colors, many of which use sentences to tell a story.

After reading a few sections with both the French and the English visible, many children will enjoy going back to one section and testing their knowledge by covering up the English with a piece of paper, and seeing how much of the French they really know. The illustrations will help to show the meaning. The child should always study them when trying to find a meaning, rather than automatically refer to the English translation. If he works out the meaning for himself, and uses the translation only as a final check, he is far more likely to remember what he has learned.

Throughout the book, occasional questions are asked, to which the reader should be encouraged to give answers in French.

Its author hopes that *I can read French* will entertain and teach at one and the same time.